Sag die Wahrheit, Herbert!

Herbert Suhr

Sag die Wahrheit, Herbert!

Aus dem Leben eines gehorsamen Deutschen von 1930 bis heute

Inhalt

Im Vorwort

erzähle ich, wer ich bin

Ich heiße Herbert Suhr und bin 1930 in Hamburg geboren. Laut Personalausweis habe ich die Größe von einsneunundsiebzig, keine besonderen Kennzeichen und braune Augen. Früher war ich mal schlank. Seit dreißig Jahren bin ich verheiratet, habe eine erwachsene Tochter und an den Schläfen graue Haare. Meine Firma führt mich unter der Nummer 56003. Ich bin Deutscher.

Ich war schon als kleiner Junge nicht irgendein Junge, ich war ein deutscher Junge. Der so zäh wie Leder, so hart wie Kruppstahl und so schnell wie ein Windhund sein sollte. Mir hätte es schon gereicht, wenn ich der schnellste Läufer in meiner Straße gewesen wäre.

Zu meinen ersten Erinnerungen gehören Militärmusik mit Trommeln und Pfeifen und das Bild eines Mannes, das überall zu sehen war. Der Mann auf dem Bild blickte streng, hatte eine zu große Mütze auf dem Kopf und einen zu kleinen Schnauzer unter der Nase. Er sah unserem Postboten Herrn Wulff sehr ähnlich. Doch dieser Mann war kein Postbote, sondern unser »Füh-

Schoßkind
Meine Mutter mit mir und Tante Grete, 1931

Als Hosenmatz im Hamburger Stadtpark, 1936

rer« Adolf Hitler. Wenn er im Volksempfänger sprach, und er sprach oft und lange, mußten wir Kinder sehr still sein. Hören konnten wir ihn gut, doch mit dem Verstehen war es schlecht. Er sprach so merkwürdig, als wenn er den ganzen Mund voller »R« hatte.

Als Schuljunge wurde ich schon am frühen Morgen vom Schmettern der Siegesfanfaren im Rundfunk geweckt, wenn eine Sondermeldung die nächste jagte. Beim Erdkundeunterricht steckte ich kleine Hakenkreuzfähnchen auf die Europakarte. So lernte ich, wo Narvik, Tobruk oder Dnjepropetrows lag. Mein Lieblingsfach war Geschichte. Toll, wie ich erfuhr, was die alten Deutschen in grauer Vorzeit nicht alles angestellt hatten: den Limes erstiegen, Rom erobert, England in die Knie gezwungen. Das waren noch Kerle, vor denen hatten die anderen »Mickervölker« ganz schön die Hosen voll. Es waren eben Führernaturen, wie mein Klassenlehrer Herr Piel sagte.

Tante Grete war auch so eine Führernatur. Sie führte ihren Mann, der beim Zoll Schmuggler fangen sollte, direkt in die Nationalsozialistische Deutsche Arbeiterpartei. Aber sie führte nicht nur Onkel Hermann auf den richtigen Weg, sondern auch mich – und das hieß: Nachhilfeunterricht über Kaiser Wilhelm. Sie erzählte von seinen gütigen Augen, von seinen Kolonien in Afrika und von den hinterlistigen Hottentotten dort im Busch. Wenn sie zum 9. November 1918, dem Tag der Schande, kam, als die Roten ihrem Hermann die Kokarde des Kaisers von der Mütze gerissen hatten, stiegen ihr regelmäßig die Tränen in die Augen. Ich mußte mich dabei immer sehr zusammenreißen, denn ein deutscher Junge weint nicht.

Dafür weinte meine Mutter umso mehr, als ich nach Wien verschickt wurde. Dort lernte ich nicht nur das Riesenrad, sondern auch den Unterschied zwischen evangelischen und katholischen Menschen kennen.

Menschen, Tiere und Sensationen begleiteten mich dann auf St. Pauli, wo meine Eltern hingezogen waren, und wo wir auf der sündigsten Meile der Welt noch gutbürgerlich wandelten. Wir überlebten den schrecklichen Bombenhagel auf Hamburg, und ich wurde ein Flüchtlingskind in Zoppot. Später wurde ich ein Trümmerjunge auf der Uhlenhorst und noch später ein Hordenführer in einer Pimpfenkaserne.

Als Lehrling nahm ich Abschied vom Dritten Reich. Lernte englische Zigaretten und amerikanische Schlager kennen, klaute mit knurrendem Magen Kohlen und wurde als Schriftsetzer ein Jünger der Schwarzen Kunst.

Die Kunst des perfekten Ruderns erlernte ich in einem traditionsreichen Verein, in dem noch Disziplin und kernige Manneskraft oberstes Gebot waren. Jede freie Minute trainierte ich auf Alster und Elbe und holte mir dabei blutige Blasen an Händen und Hintern. Beim großen Rennen um das Wirtschaftswunder belegte ich einen der hinteren Plätze.

Beim immer beliebter werdenden Rennen in den Süden war ich allerdings einer der ersten. Mit Energie und Ausdauer trat ich in die Pedalen meines Drahtesels, um jetzt endlich andere Menschen und andere Länder kennenzulernen. Ich beneidete die Franzosen um ihre Lebensfreude, war verstört über den faschistischen Stolz der Spanier und erschrocken über die bittere Not der Portugiesen.

Dann ließ ich Bleibuchstaben und Setzerkittel in Gutenbergs Musentempel zurück, um mein Geld als Grafiker bei der illustrierten Zeitschrift »Stern« zu verdienen. An meinem neuen Arbeitsplatz lernte ich die unterschiedlichsten Menschen kennen: Könner, Besserwisser und Aufschneider. Reporter traf ich, die immer auf der Suche nach Traumfrauen waren, die sich täglich mit Goldstaub duschen. Auch Journalisten lernte ich kennen, die in ihrem Dienstwagen mit offenen Augen an wichtigen Ereignissen vorbeifuhren.

Bei dem »Ereignis«, rund um die Veröffentlichung der geheimen Tagebücher Adolf Hitlers, war ich auch dabei. Der »Führer« war nicht nur Schrift-Steller in unserem Magazin und machte mit seinen Aufzeichnungen unsere Führer in Verlag und Redaktion atem- und kopflos, er besetzte auch meinen Schreibtisch. Doch dann wurde der Schrift-Fälscher Kujau als Hitler entlarvt. Ein schwerer Herzinfarkt fürs Blatt und eine böse Erinnerung.

Zum Schluß noch eine gute Erinnerung. Erinnerung an den 9. November 1989, als die Mauer, zerhackt und kleingeschlagen, in den Glasvitrinen verschwand. Kleine, bunt angemalte Mauerstücke als Andenken an 28 Jahre, in denen quer durch Deutschland eine Grenze lief, an der geschossen und gestorben wurde. Auch Erinnerung an die unübersehbaren Trabi-Kolonnen der Ossis, die den Wessis die Tränen der Rührung und des Auspuffs in die Augen trieben.

Das 1. Kapitel

erzählt vom Pferd mit dem Eisernen Kreuz, vom Schrebergarten im Grünen und vom Mord in einer stillen Straße

Wir stehen auf dem Dach unserer kleinen Schrebergartenlaube und warten auf den Zeppelin. Ein komischer Name, »Zeppelin«! Vater wollte mich bestimmt verulken, als er sagte, daß der Zeppelin ein Luftschiff sei. Ein Schiff, das weiß doch jeder, schwimmt auf dem Wasser und fliegt nicht durch die Luft! Onkel Hermann redet immer wieder vom Grafen Zeppelin – also, was ist es nun: Schiff? Flugzeug? Oder Graf?

Es könnte der Nachfolger von Herrn Rahke sein, der uns jeden Morgen Milch und Butter, Eier und Käse bringt. Herrn Rahkes Milchwagen zieht das Kriegspferd Hans. Hans hat das Eiserne Kreuz an einem Riemen um den Hals hängen, dafür, daß er in Flandern verwundeten Soldaten das Leben gerettet hat. Selbst im schlimmsten Kugelhagel hat er die Schwerverletzten noch rechtzeitig ins Lazarett schaffen können. Ein Wunderpferd muß Hans gewesen sein, denn Herr Rahke erzählt uns, nie hat Hans auch nur den kleinsten Kratzer abbekommen. Wenn wir Kinder Hans auf der flachen Hand Zucker geben, läuft uns ein sanfter

Mucksch-Peter
Vor unserer Schrebergartenlaube in Farmsen, 1937

Schauer über den Rücken. Aber mit dem Zeppelin haben die beiden bestimmt nichts zu tun.

Oder ob der Zeppelin so einer ist wie Max Schmeling, den wir alle bewundern, weil er der stärkste Mann der Welt ist? Hatte Maxe doch vor kurzem den braunen Bomber Joe Louis im Boxkampf um die Weltmeisterschaft verhauen. Seit dieser Zeit gibt's bei unserem Krämer für zehn Pfennig zwanzig Max-Schmeling-Bonbons. Diese sind halb aus Pfefferminz und halb aus Schokolade.

Der Zeppelin konnte aber auch so eine Art Duce sein, den ich am Sonntag, vor dem Micky-Maus-Film, in der Wochenschau sah, wie er mit eckigen Bewegungen über die Leinwand hampelte. Viele Erwachsene, auch Tante Hella und Onkel Gustav, sagen: »Der Mann ist goldrichtig, der macht endlich mal Reinschiff beim Itakker, es wurde ja auch höchste Zeit!« Wir Kinder singen jetzt auf der Straße: »Unter Palmen und Zitronen, da schlief der Negus ein, da rückten Duces Truppen in Abessinien ein.«

Carracciola, den Europameister der Autorennfahrer, den die Schuljungen nachmachen, wenn sie ihre Ränzel vor der Brust tragen, mit den Armen stampfen und röhrende Motorengeräusche nachahmen, kann mit dem Zeppelin wohl auch nicht gemeint sein. Der würde doch, genau wie all die anderen, auf der Straße daherkommen, und wir brauchten nicht aufs Dach zu steigen, uns unsere Hälse auszurenken und in die Luft zu starren.

Bestimmt ist der Zeppelin so etwas ähnliches wie Udet. Das ist schon allerhand, was der Ernst Udet alles mit seinem Flugzeug machen kann. Erst vor kurzem durfte ich mit meinem Bruder zum Kunstflugtag auf den Fuhlsbüttler Flughafen. Dort flog der Udet wie der Teufel, über Kopf, ließ die Maschine trudeln, als wenn sie abstürzte. Und wenn die Zuschauer vor Entsetzen aufschrien, fing er das Flugzeug in allerletzter Sekunde und knapp über dem Erdboden ab, sauste mit seinem roten Doppeldecker steil in die Sonne davon. Vor Aufregung blieb uns beinahe das Herz stehen. Das Allertollste war, wenn er mit einem Flügel ein Handtuch vom Boden hochhob.

Da endlich. Rufe sind zu hören, ganz dünn noch, aus der Ferne: »Der Zeppelin.« Dann dichter, alles schreit jetzt wie irre: »Heil, heil, heil, der Zeppelin, der Zeppelin.« Die Menschen sind wie aus dem Häuschen, sie winken mit Tischtüchern, Fahnen und Bettlaken. Ich bin enttäuscht, in geringer Höhe fliegt eine große glänzende Zigarre lautlos über uns hinweg.

Ich bin sieben Jahre alt und heiße Herbert. Doch so lange ich denken kann, nennt meine Mutter mich Peter. Den Namen Herbert habe ich Tante Hedwig zu verdanken, die meiner Mutter einredete, Herbert sei modern. Tante Hedwig ist meine Patentante, die mir zur Taufe einen Teelöffel mit einem verzierten H schenkte, der jetzt immer im Senfglas steckt. Manchmal verspricht sich meine Mutter und nennt mich Heinz, doch so heißt mein großer Bruder.

Mutter schimpft nie mit mir, sie sieht mich nur streng an. Wenn sie ihren Mund schmal wie einen Strich zusammenpreßt, weiß ich, was die Stunde geschlagen hat. Manchmal steht sie mit ihrem Einkaufskorb und einer Nachbarin an der Ecke, um zu klönen, dabei hat sie mich ganz fest an der Hand. Wenn ich dann durch Ziehen und Zerren versuche, meine Freiheit zu erlangen, wirft sie mir einen strafenden Blick zu und leise, ganz leise, ich kann sie kaum verstehen, flüstert sie: »Warte, bis wir zu Hause sind!« Sie macht alles mit Blicken und Gesten, so kommt sie auch nie in Verlegenheit, unangenehme Dinge beim Namen nennen zu müssen.

Gräßlich finde ich, wenn wir in ein Geschäft gehen,

um neue Sachen für mich einzukaufen. Einen neuen Mantel, eine lange kurze Hose oder eine modische Jacke – immer ist alles viel zu groß und paßt vorn und hinten nicht. »auf Zuwachs«, sagt Mutter und beendet damit jede Art von Diskussion. Ich stehe wie ein junger Tölpel vor dem Spiegel und erkenne mich selbst nicht wieder. Wenn die Sachen dann später eingetragen sind und ich mich in ihnen so richtig wohl fühle, werden sie eines Tages in den Ascheimer geworfen, und neue Sachen werden gekauft, natürlich wieder »auf Zuwachs«.

Zum Schulanfang bekam ich von Tante Grete eine neue rote Schülermütze, die steif und doof auf meinem Kopf saß. Die ganze Klasse lachte über mich. Heimlich habe ich das blöde Ding vom Balkon runtergeworfen, weil ich doch viel lieber eine HJ-Skimütze haben wollte. Aber eine Nachbarin hatte die Tat beobachtet und brachte mit einem schiefen Lächeln das rote Unglück wieder ins Haus, und ich bekam eine tüchtige Abreibung mit dem Kochlöffel. Dabei erzählt Mutter doch allen Nachbarinnen: »Nein, meine Kinder bekommen keine Schläge, die gehorchen aufs Wort.«

Zu gerne möchte ich schon erwachsen sein und endlich mal so lange aufbleiben wie ich will. Immer, wenn es interessant wird, schicken die mich ins Bett. »Das ist nichts für dich, das ist nur was für Erwachsene.« Was die wohl für Geheimnisse haben?

Voßberg heißt unsere Laubenkolonie, am Rande der Großstadt, in Farmsen. Sie liegt herrlich im Grünen, keine grauen Häuser, keine engen Gassen und keine qualmenden Schornsteine. Nur Kuhwiesen, Kornfelder und Feldwege mit Knicks und hohen alten Eichen. In dieser Idylle liegen 40 bis 50 Schrebergärten, sauber aufgeteilt, in der Mitte ein Hauptweg, am Anfang und am Ende ein großes grünes Tor, das abends abgeschlossen wird. Alle hundert Meter steht eine Pumpe, wo wir unser Wasser zum Trinken holen. Zum Waschen nehmen wir Regenwasser, welches in einer großen Tonne an der Rückseite der Bude aufgefangen wird. An der Pumpe werden die Neuigkeiten ausgetauscht, dort blüht Klatsch und Tratsch.

Jede Parzelle ist 1000 qm groß, hat Apfel- und Birnenbäume, Stachelbeerbüsche an beiden Seiten des Weges und vor der Laube einen kleinen grünen Rasen, auf dem rote Rosen stehen. Mitten auf dem Rasen prangt eine weiß angepinselte Fahnenstange. Jeden Sonn- und Feiertag werden die Fahnen hervorgeholt und am Mast hochgezogen. Mein Vater, der immer als erster auf den Beinen ist, holt die Hamburger Flagge hervor und läßt sie fröhlich im Winde flattern. Wenn aber mal mein Bruder früher dran ist, weil er zum HJ-Dienst muß, wird die Hakenkreuzfahne gehißt. »Na, da hängt ja wieder die Hungerharke«, sagt Vater dann grimmig. Mutter versucht zu schlichten und schickt den Alten zur Pumpe, um Wasser zu holen. Bei jeder Gelegenheit führt mein Bruder seine Uniform spazieren. Er nennt sie Ehrenkleid der Nation, Vater sagt Affenkram dazu.

Unsere kleine Laube sieht wie ein Fachwerkhaus aus, aber das Fachwerk und die Ziegel sind nur aufs Holz gemalt worden. In der Laube sind drei Zimmerchen, in der Küche steht ein klitzekleiner Herd, der Hexe heißt, und im Schlafzimmer gibt es keine Betten, sondern eingebaute Kojen, wie auf einem Schiff – das war Vaters Idee, der noch bei der kaiserlichen Marine gedient hatte. Den Matrosen hat er sein ganzes Leben nicht abgelegt. Jeden Sonntagmorgen erschallt sein Ruf durch die Bude: »Zurrt die Hängematten, lüft das Gatt, raus aus'm Scheißkorb! Woll's sie nicht? Woll'n sie nicht?«

Wenn der Regen aufs Dach trommelt und abends die Petroleumlampe quiemelt, breitet sich eine warme Gemütlichkeit aus. Mutter pusselt an irgendeinem Stück

Handarbeit und Vater erzählt grausige Spukgeschichten, bis Mutter ihn bremst: »Hermann, nun ist aber Schluß, de Lütt kann ja überhaupt nicht schlafen.« Ab und zu zieht ein Gewitter auf, der Donner grollt und die Blitze sausen zur Erde, dann nimmt mich mein Vater mit ins Freie, um mir die Angst zu nehmen und die Natur zu erklären. Sehr zum Leidwesen meiner Mutter, die das gar nicht gern sieht, sie ist sehr abergläubisch. Für alles hat sie einen Spruch parat: »Den Schläfer läßt Gott schlafen, den Fresser wird Gott strafen!«

Elektrisches Licht gibt es im Schrebergarten nicht, auch kein Radio. Das Radio vermissen meine Eltern hier auf dem Lande sehr, denn in der Stadtwohnung haben sie schon lange einen Volksempfänger stehen. Sie sind schon sehr frühe Rundfunkteilnehmer gewesen. Besonders beliebt ist das Hamburger Hafenkonzert, am Sonntagmorgen um sechs wird das Gerät eingeschaltet, und wehe, wenn einer von uns wieder einschläft, der kriegt was zu hören. Die Krönung des Morgens ist, wenn die Amboß-Polka gespielt wird, Vaters Lieblingslied, dann pfeift er laut mit und beim pink, pink, pink der kleinen Schmiedehämmer klopft er mit allen ihm zur Verfügung stehenden Dingen den Takt dazu. Nach so einem Ohrenschmaus ist für ihn der Tag gerettet. An unser erstes Radio kann ich mich nicht mehr erinnern, es muß aber sehr komisch ausgesehen haben, denn als Oma aus Mecklenburg zu Besuch kam, konnte sie es gar nicht fassen, daß die ganze schöne Musik aus einem Teller kam. Wir Kinder üben jetzt Zungenbrecher, die wir aus dem Radio hören: Tschaikowski, Dvóřak, Barnabas von Geczy. Wer oder was das ist, wissen wir nicht, Hauptsache, es hört sich gut an. Auch gibt es zu Anfang der Rundfunkzeit akustische Mißverständnisse: Aufgeregt stürzt unser Nachbar in unsere Wohnung: »Hermann, zum erstenmal, seitdem ich dieses Ding habe, habe ich Radio Moskau empfangen, ist das nicht toll?« Vor Aufregung rutschen ihm die Kopfhörer vom Haupt. Doch auch ohne Detektor hört man die Musik, denn die Kommunisten zogen durch unsere Straßen und spielten auf ihren Schalmeien die Internationale.

Die schönste Zeit ist, wenn die Erdbeeren reif sind. Dann gibt es Erdbeeren satt. Mit Sahne, mit Zucker, mit Milch, morgens, mittags, abends, ein einziger Traum! Dann kommen aus nah und fern, nahe und ferne, manchmal auch ganz entfernte Verwandte. Ganz zufällig natürlich, nur auf ein Viertelstündchen. »Macht euch bitte keine Umstände, wir wollen auch gleich wieder gehen.« Spät, oft sehr spät verlassen sie uns, Mutter hat noch einen schönen Blumenstrauß gepflückt und Vater ruft den Davoneilenden nach: »Zum Umgraben brauche ich auch noch ein paar kräftige Freiwillige.« Aber das hören die scheidenden Besucher schon längst nicht mehr.

Nicht bei allen ist das so, manche kommen auch aus reiner Freundschaft und Geselligkeit, denn bei Hermann ist immer was los, da gibt's immer was zu lachen. Dann sitzen die Männer draußen vor der Bude, spielen Skat, trinken Bier und erzählen vom Krieg. Namen wie Verdun, Chemin de Dames, Douaumont höre ich jetzt zum ersten Mal. Ein unerschöpfliches Thema: Erster Weltkrieg. Man sagt auch nur Weltkrieg, ohne das Wort »Erster«.

Auch die Frauen haben viel zu berichten, aus einer Zeit, als sie ihren Mann stehen mußten, als sie mit der Kurbel in der Hand Straßenbahnen führten oder Granaten in der Munitionsfabrik drehten. Am Abend mußten sie auch noch die hungrigen Mäuler ihrer Kinder stopfen. Aus der Mecklenburger Ananas, der Steckrübe, wurde alles zubereitet, was man sich denken konnte. Sie wurde roh und gekocht gegessen, als Hauptgericht und Nebenspeise, als Würfel oder in Scheiben.

Immer wird von der Inflationszeit gesprochen, von der bitterbösen Zeit, als ein ganzes Volk aus Millionären bestand und dabei bettelarm war. 1923 kostete ein Telefongespräch 500 000 Mark und das Porto für einen normalen Brief zwei Millionen. In dieser Zeit mußten die Arbeiter mehrmals am Tage ihren Lohn nach Hause tragen, damit die Frauen einkaufen konnten, denn das Geld verfiel stündlich. Auf unserer Fußmatte lag einmal ein Tausendmarkschein, auf dem einer notiert hatte: »Bitte Geld abholen!«

Wenn die Erwachsenen so erzählen, sind wir Kinder mucksmäuschenstill, damit wir nicht auffallen. Wir möchten doch von diesen interessanten Zeiten soviel wie irgend möglich mitbekommen. Diese Geschichten sind doch ein ganz anderer Schnack als unsere läppischen Babymärchen von Zwerg Nase und so. Manchmal werden die Männer und ihre Unterhaltungen sehr hitzig, sei es, daß man verschiedener Meinung ist oder daß sie ein Glas zuviel getrunken haben oder beides, jedenfalls, dann schalten sich die Frauen ein: »So, nun ist aber Schluß mit Politik, ihr redet euch noch um Kopf und Kragen. Feind hört mit!« In der Tat kann so eine gemütliche Runde die letzte sein, wenn braune Ohren mitbekommen, daß man über Hitler, Göring oder Goebbels seine Witzchen reißt. Auch »Scheißhausparolen« zu verbreiten, kann gefährlich werden, wie etwa die vom Neffen des Nachbarn, der einen kennt, der gehört hat, daß die Flieger der Legion Condor Bomben auf die Roten im Spanischen Bürgerkrieg werfen trotz Hitlers Beteuerung, daß sich kein deutscher Soldat auf spanischem Boden befindet.

Jetzt kommt die Zeit der Ernte. Die Früchte des Schweißes werden nun verarbeitet. Zuerst die Kirschen und Stachelbeeren, dann die Erbsen, Wurzeln und Bohnen und zum Schluß die Äpfel und Birnen. Sie werden in Dosen und Gläser für den Winter haltbar gemacht. Wir Kinder stehen überall im Wege und stören, am besten wir machen uns unsichtbar. »Nun geht doch irgendwo hin, am besten zum Spielplatz!«

Früher holte mich die kleine Ruth zum Spielen ab. Sie hatte so lustige schwarze Zöpfe und große dunkle Augen, ihre Eltern hatten den Garten auf der anderen Seite des Hauptweges, ich war immer ein bißchen neidisch auf Ruthchens Namen, weil er sich so schön anhörte: Rosenbaum. Später kam die Kleine nicht mehr zum Spielen, sie waren woandershin gezogen. Mutter sagt: »Das ist auch besser so, dann spielst du wenigstens mit Jungens.«

An der großen Eiche am Hohlweg treffen sich alle Jungens aus der Kleingartenkolonie. Dort spielen wir Verstecken oder an Liebespaare Anschleichen. Wenn die jungen Soldaten aus den nahen Kasernen dort mit ihren Mädchen die Liebe probieren, dann werden sie von uns beobachtet. Es ist aber ein langweiliges Spiel, weil da ja nichts passiert. Da ist es schon besser, auf die Bullenwiese zu gehn, was uns von unseren Eltern natürlich streng verboten wurde.Wenn dann der Bauer mit seinem Knüppel in der Gegend herumfuchtelt und hinter uns herbölkt, haben wir einen Riesenspaß.

Wir spielen Messersteck, Länderklauen oder Eierlegen. Fällt uns überhaupt nichts mehr ein, dann wird nur so dumm herumgequatscht. Was jeder mal so später werden will. Viele wissen noch nicht so recht, ob Boxer oder General, ob Pilot oder Feuerwehrmann, Seemann oder Lokomotivführer. Nur der kleine Heinzi hat schon feste Berufsvorstellungen, er möchte Vormelker werden. Was das ist, weiß er nicht. Da hat unser Günter schon festere Pläne für seine Zukunft, er will unbedingt Gauleiter werden, mehr als sein Vater, der nur Ortsgruppenleiter ist. Er freut sich schon jetzt darauf, wenn sein Alter vor ihm strammstehen muß. Der dusselige Harri, der auf dem Staatsgut zu Hause ist, verwechselt immer noch einen Gauleiter mit einem Pferdeknecht, der den Gaul leitet. Davon wollte Günter aber nichts wissen. Überhaupt führt Günter bei uns das große Wort, das ist aber auch richtig so, denn seine Eltern haben ja auch den größten Garten von allen. Sie haben nämlich auch den von Rosenbaums dazubekommen, die damals so Hals über Kopf mitten in der Erntezeit weggezogen waren, ohne irgendeinem »Auf Wiedersehen« zu sagen. Waren schon merkwürdige Leute.

Sogar einen Tag des Spatens gibt es. Der Ehrentag der Schreber. Da werden die alten Schaufeln aus dem Schuppen geholt, auf Hochglanz gewienert, geschultert, ein Lied, drei, vier: »Fern bei Sedan, auf der Höhe, steht ein Grenadier auf Wacht«. Die Freizeitbauern ziehen dann im Gleichschritt einmal rund um die Gartenkolonie, danach verpissen sie sich in die Kneipen im Dorf, um die Welt zu verteilen und ganz große Politik zu machen: Die gelbe Gefahr kommt bestimmt, gut, daß wir aus dem Völkerbund ausgetreten sind, die Zange Polen-England kann uns doch nicht die Luft nehmen, uns doch nicht! Dem Tommy hauen wir eins aufs Haupt und über den Polacken lachen wir uns tot! Das Geschwafel hat erst ein Ende, wenn die Eheweiber erscheinen und ihren Wirsingkohl-Politikern den Weg nach Hause zeigen.

Sehr viel Wert legt der Schreber auf die Düngung seiner Scholle. Die Gurken sollen doch im nächsten Jahr noch länger, die Tomaten noch dicker und die Erdbeeren noch prächtiger werden. Mist von Mensch und Tier wird gesammelt, auf Komposthaufen gehortet, mit Erdreich vermengt und den Pflanzen und Sträuchern liebevoll dargebracht. Wenn der Goldeimer über die Erdbeeren entleert wird, sagt der zufällig anwesende Stadtmensch mit dezent zugehaltener Nase: »Igitt, bei uns zu Hause wird über die Erdbeeren Zucker gestreut.« Hochgeschätzt wird der Abfall vom Roß, aus diesem Grunde hat auch jeder Kleingartenbesitzer immer Schaufel und Besen bei sich, um seinen kostbaren Fund in einem Korb, der zu diesem Zwecke fest am Fahrrad installiert ist, gut abtransportieren zu können. Wie freuten sich die Peerkötelsammler, als bekannt wurde, daß in den neuen Kasernen Kavallerie eingezogen war.

So leben wir den ganzen Sommer im Grünen, als Laubenpieper. Wenn dann der Herbst kommt, ziehen wir wieder in die Großstadt. Unsere Straße liegt in Hamburg dort, wo sich die Stadtteile Winterhude, Barmbek und Uhlenhorst treffen, ganz in der Nähe des Stadtparks. Die Straße ist so still und ruhig wie eine Keksdose. Nur einmal wurde diese Ruhe brutal gestört, Polen oder Griechen, vielleicht waren es auch nur Bayern, jedenfalls »Son swattet Dübelsvolk«, wie Mutter sagte, hatten Streit miteinander bekommen. Ein Mann war erstochen worden, eine junge Frau rang mit dem Tode. Am nächsten Morgen wollten die Bewohner unserer Straße diese Bluttat, »ihren« Mord, in der Zeitung nachlesen, aber nichts stand da, die stille Gasse war um ihre Publizität gebracht worden – ein anderes Ereignis hatte »unseren« Mord aus dem Tageblatt gefegt: Es war der 30. Januar 1933, Adolf Hitler wurde deutscher Reichskanzler.

Das Haus, in dem wir wohnen, hat vier Stockwerke und ein enges dunkles Treppenhaus. Dafür keinen Keller, die Kohlen müssen vom Boden geholt werden. Unsere Wohnung hat zwei kleine Zimmer und eine Küche, die Miete beträgt im Monat 18 Mark. Wir wohnen nur in der Küche. Die gute Stube wird nur Weihnachten, Ostern und Pfingsten benutzt. Ich habe den Eindruck, dieses Zimmer ist immer eiskalt. Morgens wird sich in der Küche, unter dem Handstein, ein einfacher Wasserhahn, kalt gewaschen. Der Herd in der Küche steht im Sommer und im Winter unter Glut, denn elektrisch

Im damals noch autofreien Knickweg wurde ich 1930 geboren

kocht noch keiner. Auf der Klappe für den Backofen, wir nennen sie den Hauswirtsstuhl, sitzt Mutter am liebsten, besonders nach der großen Wäsche, wenn sie einen wehen Rücken hat. Wenn Waschtag ist und Mutter dampfend, mit einer großen Gummischürze vor dem Bauch, an der Waschbalje steht, gibt es immer Graupensuppe, ohne Ausnahme. Keiner mag sie, aber immer wieder kommt sie auf den Tisch. Zum Wochenende muß ich mit Sidol alle Messingteile in der Küche putzen, erst wenn alles blitzt, darf ich auf die Straße zum Spielen.

Den Ausblick, den wir aus unserer Wohnung haben, ist auch nicht gerade berühmt. Wir sehen auf das Dach der Winterhuder Bierbrauerei. Auf den Pferdeställen treiben sich viele Katzen herum, einmal sogar eine hellgelbe, fast schon braune, die wurde von mir »Nazikatze« genannt. Morgens um sieben schreit grell eine Dampfpfeife, wenn in der Brauerei die Arbeit beginnt. Eine große Uhr im Hof zeigt, was die Stunde geschlagen hat. Der Vorgänger unserer Wohnung nutzte diese Chance für sich aus, indem er ein Loch in die Wand schlug, um vom Bett aus die Fabrikuhr auf dem Hof bequem sehen zu können.

Nur wenige Minuten von Zuhause entfernt, halb unter der Osterbekbrücke, hat Vater seine Werkstatt. »Mein drittes Reich« nennt er sie, Mutter sagt »Unterwelt« dazu. Überall stehen Farbtöpfe, Pinsel, Pütt un Pann herum. Trotz größter Vorsicht kommt man nie ohne Farbflecken an Händen oder Kleidung aus dem Gewölbe.

Durch die Fenster zur Wasserseite sieht man regelmäßig Alsterdampfer und Kohlenschuten geräuschlos vorbeigleiten. Mit etwas Phantasie und leicht zusammengekniffenen Augen kann man an der gegenüberliegenden Hauswand, knapp überm Wasserspiegel, »Rot

Front« entziffern. Die Schrift ist ausgewaschen und flau, das R am Anfang und das t am Ende fehlen ganz. »Nicht mal gute Farbe können die nehmen«, sagte Vater ärgerlich, als ich ihn einmal fragte, was das zu bedeuten hätte.

So richtig wütend kann er dagegen auf einen Gast werden, der auf die Minute genau jeden Tag an seinem Arbeitsplatz erscheint: ein Dachs-Pudel-Spitz. Er hat eins der Kellerfenster, die zur Straße gelegen sind, als seinen ganz persönlichen Stammbaum für die Morgentoilette ausgesucht. Eilfertig hebt er ein Bein, und zielgenau zischt der Segen meinem Vater auf den Tapeziertisch. Natürlich sinnt er auf Rache. Holt eine Fahrradpumpe, füllt sie mit Terpentin und legt sich auf die Lauer. Als der vierbeinige Attentäter wieder am Tatort erscheint, wird ihm die ganze Ladung mit Schmackes unter den Bauch gespritzt. Das U-i-i-i-i-Gewinsel ist noch eine ganze Weile zu hören.

Vater mag Tiere sehr gern, aber ein eigenes kommt ihm nicht in die Tüte. Tierquälerei nennt er das, wenn Menschen in ihren kleinen Großstadtwohnungen den engen Platz auch noch mit Hund oder Katz teilen müssen. Daher habe ich auch nur Viecher aus Stoff, Holz, Blech oder Plastik, gestrickt, gewirkt, gedrechselt oder gebastelt.

Für ihn ist auch nicht der Löwe der König der Tiere, sondern der Esel. Weil, wie er immer wieder steif und fest behauptet, der Esel ein Lebewesen von überragender Intelligenz sei. Das ist ja auch kein Wunder, denn immer wieder erzählt Vater die Geschichte von Isaak, dem Esel, der damals in Flandern ihm das Leben gerettet hat.

Als 1914 der Krieg ausgebrochen war und Vater sich eilends nach Kiel in Marsch setzte, um als Matrose auf einem Schiff anzuheuern, stellte er fest: Alles schon besetzt! Zu viele Seeleute, zu wenig Schiffe, die Matrosen mußten marschieren. Er wurde der Fahrer eines schweren Maschinengewehrs, das von einem Esel gezogen wurde. Als nun das ganze Battaillon im Feindesland entladen werden sollte, ging alles glatt und geschmiert, eben wie bei den Preußen. Bis Isaak an die Reihe kam. Nichts ging mehr, kein Schieben, Stoßen, Kneifen, Lokken – nichts. Das Heer zog ohne Isaak und Suhr in den Krieg. Zwei Stunden später, nachdem auch der letzte deutsche Soldat den Bahnhof verlassen hatte, trabte auch Isaak ganz leicht an.

Bedächtig trottete er mit Maschinengewehr und Mann, immer in großem Abstand zur Truppe, durch Flandern, dem Feind entgegen. Zum Abend erreichte das einsame Gespann eine soeben von englischen Granaten total zerstörte Stadt. Fast alle Kameraden waren gefallen. Isaak hat den Krieg überlebt und ist auch nicht in die Wurst gekommen. Mein Vater hat ihn, als er selbst kurz vor Kriegsende quer durch die neutralen Niederlande in Richtung Heimat zog, einem holländischen Bauern geschenkt.

Jeden Morgen laufe ich mit dem Ränzel auf dem Rükken zur Schule. Barmbeker Straße, rechts Mädchenschule, links wir. Der Schulhof ist durch eine unsichtbare Linie getrennt. Wehe, wenn einer vom anderen Geschlecht sich verläuft, eine Ohrfeige vom Lehrer, der die Aufsicht führt, ist das Wenigste, was man als Strafe bekommt. Offiziell darf in der Schule nicht geschlagen werden, aber nur ein Selbstmörder würde zu Hause erzählen, daß er eine eingefangen hat. Ich bekam schon am zweiten Tag drei mit dem Reetsche auf den Hintern, weil ich mit Manfred Richter schwatzte. Kein Wort habe ich zu Hause erzählt. Mein Klassenlehrer, Herr Piel, kann sich meinen Namen nie merken, er nennt mich immer Stur, aber das soll wohl witzig sein. Herr Gerstoff, unser Schulleiter, kommt sehr oft in Parteiuniform zum Unterricht. Wenn er dann unten im Trep-

Mein Vater im ersten Weltkrieg in Flandern

penhaus steht und alle Schüler ihn grüßen, merkt man, wie er das genießt. Richtige Angst haben wir vor dem Hausdiener Herrn Stemmann, der uns aber nie was tut. Wenn der Ruf »Stemmann, Stemmann« erschallt, bedeutet das die sofortige Flucht.

Mit den Kindern in unserer Straße habe ich wenig Kontakt, weil ich ja den ganzen Sommer im Schrebergarten bin. Nur der kleine Heini ist mir schon aufgefallen. Eigentlich heißt er Heinrich, wie sein Vater, den er immer nachzumachen versucht. Er ist ein zu dickes Kind in diesen mageren Zeiten. Immer steht er ein paar Meter abseits, hat seine dicken Arme auf dem Rücken verschränkt und schaut voll Verachtung auf die anderen Kinder. Er ist stets eine Spur zu sauber angezogen und spielt nicht mit uns, denn da kann man ja dreckig werden. Dreck ist Gift, meint sein Vater, und der muß es ja wissen, denn er ist der Drogist. Und weil der kleine Heini nicht spielt wie wir, beobachtet er eben. Diese Beobachtungsgabe muß der Kleine von seinem Vater geerbt haben, denn der beobachtet auch, und zwar ganz besonders scharf, und was er dann so beobachtet hat, gibt er weiter, was ja auch seine Pflicht ist. Die so Beobachteten werden oft bei Nacht und Nebel abgeholt.

Der Freitag ist für viele Männer sehr gefährlich, wenn es Geld gibt, geht's ab zum Lohntütenball. Dann stehen sie am Tresen in der Kneipe und begrootschnuten alles. Mit viel Köm und Beer wird dann der aufgestaute Ärger von der Leber gespült. Den Ärger mit der ewig nörgelnden Frau, die nie mit den wenigen Kröten auskommt. Den Ärger mit dem Krauter, der immer mehr Leistung will und keine Mark zulegt. Und schließlich auch den Ärger mit der Regierung, die an der ganze Misere Schuld ist. Wenn König Alkohol die Zunge löst, ist der Verstand oft im Eimer, und mancher Duhnredner findet sich in Dachau oder Buchenwald wieder. Es gibt zuviele von diesen Schnapsinseln und Kellerkneipen, oft an jeder Straßenecke eine. Die Frauen haben den größten Ärger mit ihren Männern, wenn diese mit Schlagseite nach Hause kommen und das letzte Porzellan zerschlagen. Fliegende Untertassen sind keine Seltenheit.

Den Nachschub für den großen Durst besorgen die vielen Brauereien in Hamburg. Die Bierwagen mit den besonders dicken Pferden gehören zum täglichen Straßenbild. Überall stehen sie vor den Kneipen, die Kutscher, genau so große, dicke Kerle wie ihre Zossen, laden mit Leichtigkeit die schweren Eichenfässer ab. Die Tiere dösen vor sich hin, und wir Kinder trauen uns ganz nahe an sie heran. Doch wenn eins von diesen Ungetümen auf das Katzenkopfpflaster pinkelt, laufen wir schreiend vor dieser Überschwemmung weg und beobachten aus sicherer Entfernung diese Naturkatastrophe.

Die ganze Straße gehört uns Kindern zum Spielen. Autos fahren nur ganz vereinzelt. Wenn sich wirklich mal eins in unsere kleine Gasse verirrt, dann ruft irgendeiner: »Auto!« Wir warten, bis es vorgetöfft ist, und spielen weiter. Abends, wenn es dunkel wird, kommt mit der kleinen Leiter der Laternenanzünder, der alle Gaslaternen anmacht. Etwas später erscheint der Schupo, der von allen nur Udel genannt wird, auf der Bildfläche. Mit weithinschallenden Schritten macht er auf sich aufmerksam, nicht um zu sehen, sondern um gesehen zu werden. Er ist die Obrigkeit.

So einen Schutzmann, in grüner Uniform, mit einem Tschako auf dem Kopf, aber nur zwei Zentimeter groß, kann man bei der Straßensammlung kaufen, zwanzig Pfennige das Stück. Es gibt noch viele andere Dinge zum Anstecken: Schmetterlinge aus Porzellan, Max und Moritz aus Ton, bunte Fahnen aus Seide, Panzer aus Bakelit und noch vieles andere mehr. Wenn diese Dinger verkauft werden, dann laufen sich die Pimpfe, Jungmädel und HJ-Jungen, mit scheppernden Sammelbüchsen gegenseitig den Rang ab; Jeder will der erste sein, der einem Volksgenossen seine Anstecknadel andrehen möchte. Mit zackigem Hackenzusammenschlagen und einem überlauten »Heil Hitler« versucht der uniformierte Bettler Eindruck zu schinden. Aber so einfach ist das gar nicht. Viele Leute hasten einfach vorbei und lassen einen wie blöd stehen. Mancher Papa muß am Abend seinem Filius den nichtverkauften Rest abkaufen, weil dieser sonst mit seinem Fähnleinführer einen Riesenkrach bekommt.

An manchen Sonntagen guckt die Partei dem deutschen Volk in den Topf, dann darf nur Suppe gekocht werden. Das eingesparte Geld soll dem Volkswohl gespendet werden. Wenn der Blockwart kommt und herrisch um einen Obolus bittet, kann das »gesunde Volksempfinden« kaum nein sagen, denn ein Nein grenzt schon an Landesverrat. Eine mitgeführte Liste belegt auch, wer ein guter und wer ein schlechter Deutscher ist.

Es wird alles gesammelt, nicht nur Geld, sondern auch Rohmaterial. Und überall singt man: »Lumpen, Flaschen, Eisen und Papier, alles sammeln wir, für Hermann Göring.« Die gesammelten Knochen werden in großen Tonnen auf dem Schulhof gelagert, wo sie infernalisch vor sich hinstinken, solange bis der Schulleiter das weitere Sammeln untersagt.

»So, junger Mann, das wär's. Darf es noch etwas mehr sein?« Herr Köhler, unser Friseur, zeigt mir sein Werk im Spiegel: eine Stoppelhaarfrisur, den Nacken glattrasiert, die abstehenden Ohren kommen sehr vorteilhaft heraus, das Gesicht eines sehr jungen Straftäters grinst mir entgegen. »Bitte 50 Pfennige an der Kasse zu entrichten, schöne Grüße an die hochverehrten Eltern. Ist der junge Herr heute auch am Hafen, um unsere siegreichen Spanienkämpfer willkommen zu heißen?«

Was redet der von Spanienkämpfer? Vom Abholen? Wieso ich, ich kenne die doch überhaupt nicht, das sind doch keine Bekannten von mir. Ja, wenn Tante Grete zu Besuch kommen würde, dann würde ich sie selbstverständlich abholen, denn die bringt immer Schokolade mit. Aber diese fremden Leute aus Spanien?

Doch zwei Stunden später stehe ich auch an der Helgoländer Allee. Heinz hat mich mitgenommen, er ist sehr hippelig, natürlich hat er sein »Ehrenkleid« an. Die ganze Zeit redet er vom großen Sieg, von der Bewährungsprobe und was weiß ich alles. Mit uns sind noch viele andere Menschen gekommen, die meisten haben Blumen in den Händen und eine fröhliche Sonntagslaune im Gesicht. Inzwischen sind die Straßen gerammelt voll, überall spricht man von unseren Helden. Wie Helden wohl aussehen?

Endlich, nach einer langen Wartezeit, ein paar kleine Jungmädel sind schon umgefallen, kommt Bewegung in die Menschenmenge. Winken, Schreien, Heilrufe, »Heil, heil, heil«, ein einziger heiserer Schrei. Nun hört man auch den stampfenden Marschtritt der Kolonne. Das sind ja Soldaten! Aber ganz andere! Gelblichbraune Uniformen, keine Stahlhelme, sondern niedliche Schiffchen mit einer roten Troddel vorn dran. Die jungen, braungebrannten Gesichter lachen, zackig ist ihr Marschtritt, und jeder von ihnen hat an seinem Gewehrlauf einen Blumenstrauß angesteckt.

Als die Kolonne vorbeigezogen ist, nur in der Ferne hört man jetzt noch ein Rauschen, liegt über der Straße ein schwerer Geruch von Schweiß und Leder. Die Zuschauer haben sich verlaufen, nur auf der Fahrbahn liegen noch die Überreste der von den Stiefeln der Sieger zertretenen Blumen.

Das 2. Kapitel

erzählt von einem Jungen, der blond werden soll, von einer Stadt, die ein Dorf blieb, und von Omas Geburtstag

Mutter hat mich so gepackt, daß Flucht oder Widerstand zwecklos ist. Vergeblich versuche ich, ihre Hand, die wie eine eiserne Klammer meinen Nacken umspannt, loszuwerden. »Aua, Hilfe, du tust mir weh! Aua, laß mich los!« Jetzt wird mir der Kopf mit einer Salbe eingerieben, die nicht nur gräßlich stinkt, sondern auch noch höllisch brennt. Die grüne Seife, mit der früher meine Haare gewaschen wurden, war ja schon schrecklich, aber dieses Zeugs... nicht auszuhalten! Tante Grete hat diese Mixtur ins Haus geschleppt und gesagt: »Hanna, mit diesem Mittel kriegst du die blondesten Haare der Welt!« So blond wie Tante Grete wollte ich gar nicht werden, aber meine Mutter wollte es.

»Nun stell' dich bloß nicht so an, du bist doch ein Junge und kein kleines Mädchen! Eva, ja Eva werden wir dich nennen, wenn du noch weiter so rumheulst. Warte man noch ein wenig, Mutter, wenn der erst mal zum Jungvolk kommt, werden die ihm die Hammelbeine schon langziehen.« Der, der gar nicht die Zeit abwarten kann, daß ich als Pimpf mit Landsknechtstrom-

Nachkömmling
Mit meinen Eltern, 1938

mel, genagelten Schuhen und gepacktem Tornister für den Führer durch den Hamburger Stadtpark marschiere, ist mein Bruder Heinz. Heinz ist zwölf Jahre älter als ich, gibt den Ton in der Familie an, ist nicht nur Uniformträger, sondern auch der Erstgeborene.

Ich bin auch noch da, zähle aber wenig, denn ich bin eine Minderheit. »De Lütt«, der Kleine. Oft höre ich, daß man mich gar nicht mehr haben wollte. Ich wäre nur ein Versehen. Ein Versehen? Wobei? Kann ich ein Versehen sein? Wenn Tante Grete so etwas hört, nimmt sie mich immer in den Arm und sagt: »Hanna, Hanna, er ist doch unser kleiner Nachkömmling.«

Nachkömmling ist wieder so etwas, was ich nicht verstehe und womit ich wenig anfangen kann. Es hört sich wie kümmerlich oder Kümmerling an. Dabei ist wohl ein Nachkömmling mit einem Zuspätkommer in der Schule zu vergleichen. Er stört, weil er in den schon begonnenen Unterricht platzt, den reibungslosen Ablauf, kriegt sowieso nur wenig mit, und seine hölzern vorgetragenen Entschuldigungen glaubt keiner. Natürlich wird der zweite, der Kleine, immer mit dem Großen verglichen, und bei diesem Vergleich fällt der Kleine durch den Rost. Auch ich liege immer weit hinten. Heinz war schneller, schlauer, stärker, ich bin dafür kleiner, dümmer, weicher, seit einiger Zeit aber blonder.

Vater nennt mich nie »de Lütt«, er sagt Peter oder, wenn er gut gelaunt ist, mein Prinz. Mutter sagt, Vater könne nicht mit Kindern umgehen, das stimmt aber nicht, zu mir ist er immer nett und macht auch Blödsinn mit mir. Er hat mich auch noch nie verhauen, einmal wollte er mir eine Ohrfeige geben, da hat er mich aber nicht getroffen. Manchmal nimmt er mich auf den Schoß und liest mir aus dem dicken Wilhelm-Busch-Buch schnurrige Geschichten vor. Das soll er mit Heinz nie gemacht haben, da waren die Zeiten wohl auch anders, schlimme Zeiten, wie die Erwachsenen immer sagen.

Als 1918 der Krieg zu Ende war, Vater seinen Isaak verschenkte und seine blaue Matrosenuniform mit dem weißen Malerkittel vertauschte, konnte er sich in seiner Familie überhaupt nicht zurechtfinden. Er hatte große Schwierigkeiten. Das wilde Soldatenleben ist etwas ganz anderes als eine junge Ehe. Schon bei ganz alltäglichen Dingen fing es an: Er konnte nicht im Bett schlafen, es war ihm einfach zu weich. Er schlief auf dem Fußboden, wie er es als Soldat gewohnt war.

Sein Malerhandwerk liebte er über alles, doch zu Frau und Kind hatte er ein gestörtes Verhältnis. Besonders den kleinen Heinz, der noch im letzten Kriegsmonat zur Welt gekommen war, lehnte er ab. Es mag daran gelegen haben, daß er vergeblich nach Ähnlichkeiten zwischen ihm und seinem Sohn gesucht hat. Jedenfalls, wo Heinz auch auftauchte, der Vater scheuchte ihn weg, er störte ihn. »Schick' den Jungen ins Bett«, war Vaters ständiger Satz. Selbst wenn die Sonne hoch am Himmel stand wurde das Kind schlafen gelegt. So drifteten im Laufe der Jahre Vater und Sohn immer mehr auseinander. Aus Opposition wurde aus Heinz ein Querkopf, erst ein kleiner, später ein großer.

Mutter schützte und stützte ihn, wo sie nur konnte, er wurde ganz allein »ihr« Sohn. Bei ihm sagte sie nie nein, alles was er machte, war richtig, auch wenn es falsch war. Mutter fand es auch richtig, daß Heinz Gärtner wurde und nicht Buchdrucker. In der Druckerei, in der er sich als Laufbursche einige Pfennige zum Taschengeld dazuverdiente und dessen Chef ihm eine Lehrstelle angeboten hatte, arbeiteten nach seiner Meinung zu viele Rote, und mit diesem Pack wollte er nichts zu tun haben. Sehr früh trat er in die Hitler-Jugend ein und suchte mit anderen Gleichgesinnten ein neues Deutschland, wollte die morschen Knochen zum Zittern brin-

Mein Bruder Heinz als Dreijähriger

. . . und vierzehn Jahre später im Ehrenkleid der Nation

gen und vor allen Dingen seinem Vater einen kräftigen Schock versetzen. Was ihm auch trefflich gelang, denn dieser stand der neuen Bewegung nicht nur kritisch, sondern geradezu feindlich gegenüber. Er hatte für den böhmischen Gefreiten nur Hohn und Spott übrig. Für ihn war Hitler der Krieg.

Letzte Zeit ist Vater sehr ruhig geworden. Nach einem erregtem Wortwechsel zwischen ihm und Heinz, der damit endete, daß mein Bruder meinen Vater ins Gefängnis bringen wollte, wenn er noch einmal auf seinen Führer schimpfen würde. Heinz, der Querkopf, blieb sich selber treu. Nach seiner HJ-Zeit trat er nicht in die SA ein, weil er mit diesem »warmen« Haufen um Hauptmann Röhm nichts zu tun haben wollte. Er ging zum Reichsarbeitsdienst, freiwillig, was wohl sonst, so konnte er mit der Plattschaufel seinem Führer dienen.

»Tschüß und Heil Hitler! Bestellt Oma von mir schöne Grüße zum Geburtstag und sagt ihr, ich wäre gern dabei gewesen, wenn sie das goldene Mutterkreuz bekommt.« Der Urlaub von Heinz ist zu Ende, er muß wieder zum Dienst am Spaten und zu seinen Arbeitsmännern. Wir hören ihn noch eine Weile mit seinen genagelten Stiefeln durchs Treppenhaus poltern.

Schon vor dem Kreischen der Dampfsirene, die auf dem Dach der Brauerei steht, sind wir heute morgen aufgestanden. Wir haben eine lange Reise vor uns, wir wollen zum 75. Geburtstag von Oma nach Mecklenburg fahren. Mutter, glaube ich, ist gar nicht ins Bett gegangen. Sie hat bestimmt die ganze Nacht auf dem Stuhl gesessen, denn sie ist ganz und gar angezogen. Vater rennt immer auf dem Flur hin und her und sieht alle paar Minuten auf seine Taschenuhr, an die er heute zur Feier des Tages eine neue Kette gemacht hat. Ich bekomme mit aller Gewalt die neue Matrosenbluse über den Kopf gezogen, sie kratzt und riecht nach Mottenkugeln. Den Marineknoten muß Vater binden, warum ist er schließlich Seemann gewesen? Zum Schluß bekomme ich noch eine Mütze, vorn mit »Emden« und hinten zwei schwarzen Bändern, auf den Kopf gesetzt. »Jetzt kann die Reise losgehen, sagt der Papagei, als ihn die Katz holte«, ruft Vater fröhlich, bevor er die Haustür verschließt. »Jetzt wird es aber allerhöchste Eisenbahn.«

»Ist der Platz am Fenster noch frei? – Nein, der nicht, aber der auf der anderen Seite. Ich kann nur in Fahrtrichtung sitzen, wissen Sie, sonst wird mir immer so schnell übel. Kennen Sie das auch? Der Qualm von der Lokomotive dringt direkt durch alle Ritzen. Würden Sie bitte das Fenster schließen? Danke! Den Kleinen setzen Sie am besten in die Mitte, denn Zugluft ist das Schlimmste, was es gibt für Kinder, das können Sie mir glauben, ich verstehe was davon, ich hab' selbst vier großgezogen.« Die Frau und Vierfachmutter, die uns so nett und wortreich aufklärt, wie man gesund und richtig Eisenbahn fährt, hat trotz der Hitze im Abteil einen dikken Fuchs auf ihren Schultern liegen. Der Kopf des Tieres liegt so, daß er sich selber in die Pfoten beißt. Seine tückischen Augen starren mich unverwandt an, am liebsten möchte ich mich woanders hinsetzen, aber das geht ja nicht, wegen der Zugluft. Auf dem Kopf trägt die Frau einen Hut mit Schleier, wie ihn die Damen in den feinen Journalen haben. Ihr Gesicht wird dadurch ganz undeutlich, so ähnlich, als wenn ich durch Mutters Teesieb gucke. Sie hat ganz lange Handschuhe an und riecht nach Kölnisch Wasser.

Die Abteiltür wird aufgerissen und ein Kontrolleur erscheint. Mit einem schnellen Blick mustert er die Insassen. Durch jahrelange Übung gelingt es ihm, in Sekundenschnelle harmlose Reisenden von faulen Köppen zu unterscheiden. Schwarzfahrer wittert er geradezu. Das Kursbuch ist für ihn Gesetz und Bibel. Als deutscher Reichsbahnbeamter bürgt er für Ordnung und Sicherheit auf Schiene und Weiche, was man seinem Auftreten nach auch sofort glaubt. Mit einer Stimme, die auf Bahn- und Kasernenhöfen gut vorbereitet wurde, schnarrt er: »Die Fahrkarten. Bitte!« Die Bitte ist keine Bitte, sie ist ein Befehl. Vater nimmt leichte Haltung an, Mutter kramt systemlos in ihrer Handtasche, und die Fuchsfrau ist besonders eilfertig.

Auf dem Bahnhof in Rostock erwartet uns Hans (jeder zweite Mann in Mecklenburg heißt Hans, wahrscheinlich mögen sie den Namen so gern, oder ihnen fällt nichts besseres ein). Hans ist der Arbeitsmann bei meinem Onkel Hans, der eine Zimmerei hat. Hans, der Arbeitsmann, sitzt auf dem Kutschbock und ist maulfaul. Er mag uns nicht, er mag meinen Onkel nicht, er mag die Arbeit schon gar nicht, nur den Köhm, den mag er. »Warum ist Hans nicht gekommen?« – »Ick bün doch door« – »Ne, unser Hans« – »De lütte oder de grote?« – »Na, dien Meister« – »Mien Meister? De heet doch nich Hans« – »Doch, de heet so« – »Nu kieck mol an!« Hans zieht jetzt seinen Kopf ein und die Leine an, schnalzt mit der Zunge, und das Pferdchen zuckelt die Landstraße entlang. Ab und zu wird ein hochbeladener Heuwagen überholt, aus luftiger Höhe winken uns Kinder zu. Schnatternd nehmen Gänseherden vor unserer Kutsche reißaus. In der Ferne taucht Laage auf.

Laage wird von meinen Tanten immer nur »Stadt Laage« genannt, obwohl es doch nur ein Dorf ist, ein Dorf so langweilig und trostlos, wie so viele in Mecklenburg. Trotzdem, in seiner Chronik sind drei wichtige Dinge niedergeschrieben worden: Erstens, als Laage irgendwann mal im Mittelalter das Stadtrecht verliehen bekam. Und das geschah so: Durchreisende Edelleute – Littauer, Polen oder Schweden, darauf konnte man sich nie einigen, – wollten irgendwo ihre Pferde tränken, doch die Bauern der Umgegend holten ihre Sensen und Forken und schlugen »dat Swinspack« in die Flucht. Nur die Laager griffen nicht zu den Waffen, sondern zu den Flaschen und ließen die Fremden hochleben. Mensch und Roß konnten sich so richtig nach Herzenslust den Kragen vollgießen. Statt mit Goldstükken die Zeche zu begleichen, verliehen die Fremden dem gastlichen Dorf die Stadtrechte, worauf die Laager mächtig stolz waren. Das zweite, in der Chronik festgehaltene Ereignis war der Ausbruch eines Zirkuslöwen, der mehrere Stunden die Stadt in Angst und Schrecken versetzte, bis er schließlich, Gott sei Dank, durch die gezielten Schüsse eines mutigen Schützen unschädlich gemacht werden konnte. Die dritte Eintragung liegt erst ein Dutzend Jahre zurück und wird noch heute als ein Skandal »gerühmt« – die Magd vom Kröger Teterow hatte ein kleines schwarzes Baby zur Welt gebracht.

Zu den bekannten Bewohnern Laages, Bürgermeister, Hebamme, Postschaffner und Lehrer selbstverständlich ausgenommen, gehört ohne Zweifel auch meine Großmutter. Jetzt weiß ich auch, woher der Name Großmutter kommt, denn Oma überragt jeden mindestens um einen Kopf. Sie lacht nie und ist sehr streng. Mutti und Tante Grete haben noch heute Angst, wenn sie mit ihr reden. Mit dem Spruch »Ich nehm' den einen und hau' dem anderen damit um die Ohren« wuchsen ihre acht Kinder auf, für die ein Tag, an dem sie nicht verprügelt worden waren, ein Feiertag gewesen war. Wie wild haute sie um sich. Doch wehe, ein Fremder vergriff sich an ihrem Nachwuchs – der kriegte was zu spüren, wie der Schulmeister, der eins von ihren Kindern zu züchtigen wagte. Mit einem dicken Knotenstock hat sie ihn vor den Augen seiner Klasse halb totgeschlagen. Meinen Großvater habe ich nicht kennengelernt, er ist schon gestorben, als meine Mutter noch ein kleines Kind war. Wenn sie von ihm erzählt, wischt sie sich oft über die Augen. Er soll ein kleiner freundlicher Mann mit einem blonden Schnauzbart gewesen sein. Eine Fotografie von ihm gibt es leider nicht.

Um den großen wuchtigen Eichentisch ist die ganze Familie versammelt. Alles redet zur gleichen Zeit und auf den andern ein. Halb angefangene Sätze werden unterbrochen, und selbst diese Unterbrechungen werden wieder unterbrochen. Dabeisitzen ist nichts, mitreden ist alles. Am besten hört man Tante Grete aus diesem Redebrei noch heraus. Sie erzählt, daß ihr Nachbar, der Laasch, Oberinspektor geworden ist, dabei ist der doch noch gar nicht dran. »Ich sage ja immer, Hermann, so geht das nicht weiter, wir kommen noch auf das Abstellgleis, der Laasch ist auch in der Partei.«

»Aber Greten«, versucht sich Onkel Hermann Gehör zu verschaffen »Aber Greten, ab ersten bin ich doch auch Mitglied.« Onkel Gustav, der früher mal Kellner im Café Wallhof war und jetzt Beauftragter für das Luftschutzwesen in Hammerbrook ist, »Luftschutzkönig« sagt Vater, erzählt von Stalin und Hitler, wobei seine halben Brillengläser blitzen. Paul-Friedrich grinst dumm, und Onkel Max hat eine Schürze umgebunden und hilft den Frauen in der Küche beim Abtrocknen.

Kaum waren wir angekommen, da hatte sich Vater gleich in die Nesseln gesetzt, als er sagte: »Hier ist ja der reinste Maskenball.« War ja auch zu komisch, alle Männer hatten sich zu Omas Geburtstag Uniformen angezogen. Onkel Hermann kam als Zöllner mit Degen, Onkel Gustav mit Luftschutzuniform und Gasmaske, Karlchen als richtiger Soldat mit Lotti, der zweite Onkel Hermann als Reichsbahner mit Freifahrtkarte, Paul-Friedrich als SA-Mann mit langen Stiefeln. Selbst Onkel Max kam in der Uniform der Hamburger Hochbahn, wo er als Oberschmierer beschäftigt ist, etwas poplig, wie Tante Hella sagt, aber immerhin. »Muttchen ich hätte im weißen Malerkittel kommen sollen,« sagte Vater.

An der Haustür ist Unruhe entstanden. Zwei Männer in Regenmänteln stehen klotzig im Eingang. Paul-Friedrich scheint sie zu kennen, denn er nennt sie Kameraden. Tante Hanni wird ein Brief übergeben, in dem steht, daß Onkel Hans wegen Volksverhetzung vorübergehend festgenommen wurde und sich in Haft befindet. Im Nu erstirbt die Redeschlacht, es tritt eine tödliche Stille ein. Onkel Hermann ergreift als erster seinen Degen und die Flucht, dichtauf gefolgt vom »Luftschutzkönig«. Paul-Friedrich ist schon mit den Kameraden gegangen. Onkel Max trocknet noch schnell drei Teller ab bevor er auch das Haus verläßt. Die Frauen laufen, wie aufgescheuchte Hühner, hin und her und suchen ihre Mäntel. Jeder versucht das Haus zu verlassen, denn Unglück steckt an. »Wir als Beamte können es uns nicht erlauben, mit solchen Sachen zu tun haben«, sagt Tante Grete, und Onkel Gustav nickt kräftig dazu. »Jetzt wird mir auch meine Farbe sauer«, sagt Vater, und Mutter meint noch: »Das kommt bestimmt von der bösen Sauferei.«

Noch in der Nacht fahren wir nach Hamburg zurück. Ich glaube, meine Eltern waren die einzigen, die Oma »Auf Wiedersehn« gesagt haben. Der nächste Tag ist der 1. September 1939. Kriegsanfang.

Das 3. Kapitel

erzählt vom Onkel auf dem Ottakringer Friedhof, vom schwarzen Krampus und vom Weihnachtsbaum im Sommer

Heute sind wir schon mit den Hühnern aufgestanden. Es war noch dunkel, als meine Mutter und ich in die Linie 35 stiegen, um zum Harburger Bahnhof zu fahren, denn ich habe eine weite Reise vor mir. Es soll mit der Kinderlandverschickung nach Wien gehen. Mich friert, nicht nur, weil es kalt und regnerisch ist, sondern auch, weil ich vor lauter Aufregung die ganze Nacht nicht schlafen konnte. Angst vor der langen Reise habe ich auch. Wir stehen auf dem zugigen Bahnsteig vor einem langen Sonderzug. Wie Ameisen laufen Kinder umher, die ihre Schulfreunde und die richtigen Wagen suchen. Mütter und Väter sind krampfhaft bemüht, ihre Schützlinge nicht aus den Augen zu verlieren. Viele können nur mit letzter Kraft ihre Tränen zurückhalten. Meine Mutter zupft ununterbrochen an mir herum, daß es mir direkt peinlich ist. Immer wieder sagt sie, daß ich, wenn ich in Wien angekommen bin, sofort schreiben soll. Morgens nie das Zähneputzen vergessen, mich immer schön warm anziehen, da ich mich doch so schnell erkälte, und vor allen Dingen immer fein die Stiefel zu-

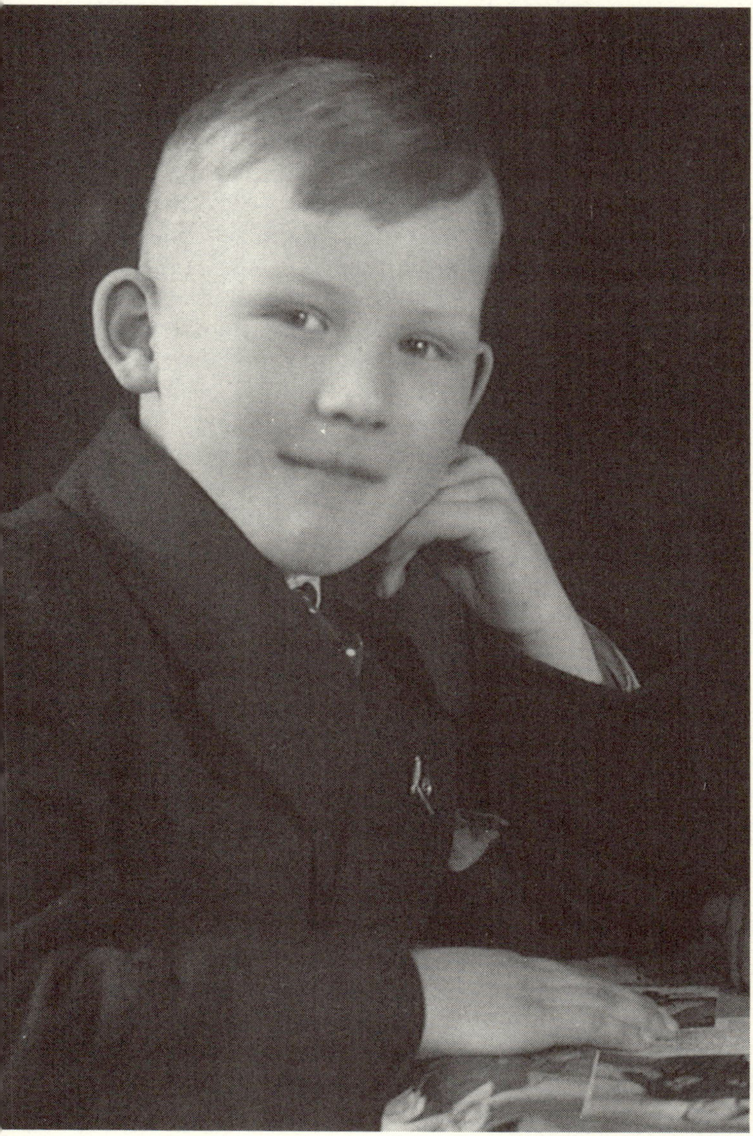

Reichs-Burschi

Vor meiner Reise nach Wien, 1941

schnüren. Inzwischen werden die Koffer verstaut, mehr als einen hat keiner, viele haben nur einen Persil-Pappkarton. Um den Hals tragen wir alle grüne Karten mit den Adressen unserer Wiener Pflegeeltern. Auf meiner steht: Baczowski, XVI. Bezirk, Wilhelminenstraße. Alle Kinder sind jetzt im Zug und drängeln sich an die Fenster, um noch einen Blick auf ihre Eltern werfen zu können. Ich kann meine Mutter sehr schlecht sehen, denn sie läßt sich auf dem Bahnsteig von den anderen Eltern immer wieder zur Seite drängen. Mir ist ganz übel zu Mute, am liebsten würde ich sofort wieder aussteigen. Jetzt setzt sich der Zug ganz langsam in Bewegung. Endlich sehe ich nun auch meine Mutter, sie winkt mit dem Taschentuch, dabei laufen ihr die Tränen übers Gesicht, sie tut mir leid, ich möchte raus und sie trösten. Sie ruft mir noch etwas zu, aber ich kann nichts verstehen. Der Zug fährt jetzt in eine sanfte Kurve, die Zurückgebliebenen kann man nicht mehr sehen, die letzten Lichtmasten des Bahnhofs wischen am Fenster vorbei, ein letztes Stationsschild, freie Fahrt.

Auch wenn das Heimweh schon bald hinter Hamburg beginnt, ich darf meine Gefühle nicht zeigen, denn ich bin ja schon ein großer Junge. Zehn Jahre bin ich und Pimpf beim Jungvolk. Fähnlein 12, Jungbann 188. Eine lange Hose habe ich nun auch bekommen, aber noch keine Uniform. Erst wollte Mutter mir selbst eine schneidern, das gab sie aber bald auf. Auch trage ich, wie alle anderen Jungs, eine Skimütze, die wurde aber erst einmal kräftig bearbeitet, damit sie schön alt aussah und den richtigen Schmiß bekam. Zu gern wäre ich zum Musikzug gegangen, so eine blinkende Fanfare, das wäre das Ziel meiner Wünsche gewesen. Als ich, nach vielen Anläufen, deswegen mit meinen Eltern sprach, winkte Vater entsetzt ab: »Kauf dem Jungen eine Mundharmonika, die tut es auch.«

Da jetzt, im zweiten Kriegsjahr, damit gerechnet wird, daß bald Bomben auf deutsche Großstädte fallen, erfanden pfiffige Jugendführer die Kinderlandverschikkung, schon mit dem Hintergedanken, je früher man die Kinder von den Eltern trennt, umso besser kann man sie formen und stramme Nationalsozialisten daraus machen. Das kostbare deutsche Blut, Vater sagte immer, wenn er zu tief ins Glas gesehen hatte, deutsche Brut, soll vor feindlichen Angriffen geschützt werden. Die Kinder sollten nicht nachts im Bunker sitzen, sondern ausgeschlafen, frisch und munter in der Schule das Einmaleins lernen. Es wurden Gebiete ausgesucht, die bombenfrei sind, Sachsen und Bayern, aber auch Dänemark, Ungarn und Österreich – nein, die Ostmark meine ich. Von Wien und den Österreichern, manche Kinder sagten Ölstreicher, wußte ich nicht viel, höchstens, daß Onkel Hans dort einmal als Wanderbursche vorbeigekommen ist. Auch daß man dort ganz anders sprach: Weaner Madeln, oder so.

Die Zugfahrt ist unerträglich öde und langweilig. Viele von uns haben noch nie so lange auf einem Fleck stillsitzen müssen. Sie sind auch ungeduldig, weil sie nicht wissen, wo dieses Wien nun eigentlich liegt. Kurz hinter Celle holt Hans Possel schon seine Koffer aus dem Gepäcknetz, dabei rutscht er ab, der letzte Halt ist die Notbremse, der Zug steht, und alle Kinder im Zug liegen. Es dauert eine ganze Weile, bis es – nach einer tüchtigen Standpauke – weitergeht. Namen von Städten und Dörfern huschen am Abteilfenster vorbei. Wenn irgendwo gehalten wird, sprechen die Leute eine Mundart, die wir nicht verstehen können. Endlich, nach einem Tag und einer Nacht Fahrt, sind wir am Ziel: Wien-Westbahnhof, großer Empfang, HJ und Jungvolk, Fahnen, Landsknechtstrommeln und Fanfaren. Auf einem großen Transparent stehen die Worte: Wien grüßt die tapferen Jungen und Mädel aus Hamburg. Wieso eigentlich tapfer? Aber was da steht, muß wohl stimmen.

Kurze Zeit später stehe ich mit einer NS-Frau, die ganz in Loden gehüllt ist, vorn eine große Brosche und hinten einen dicken Haarknoten trägt, vor der Tür eines Hauses aus der Jahrhundertwende. Das Haus hat nur zwei Stockwerke, Wilhelminenstraße, die gute Gegend des traurigen Arbeiterbezirks Ottakring. Ein verhuschtes Dienstlein, welches immer Anna gerufen wird, aber in Wirklichkeit ganz anders heißt, wie, habe ich nie erfahren, öffnet die imposante Tür. »Die Gnädigste ist im Salon, wen soll ich melden, bittschön?« Gnädigste spricht sie ganz merkwürdig aus, mit zwei oder drei »ä«.

»Aha, das ist er also. Eigentlich wollten wir ja an Maderl, aber s'Hanerl und 's Burschi kannst wohl auch mit dem Wägelchen ausfahren? Also, aus'm Reich bist, gell, aus Hamburg? Mein Gott.« Bei dem Wort Hamburg wird die junge Frau ganz rot. Hamburg, das ist für sie Sünde, Hamburg, das sind Dirnen, Reeperbahn und Chaos. Hamburg ist der Vorhof zur Hölle, nein die Hölle selbst. »Bist' katholisch?« – »Nein elefantisch, ich meine protestantisch«, verhaspel ich mich. »Marandjosef, a Heidenkind, dös san Zeiten, wenn das die Schwestern vom Heiligen Kreuz wüßten.« Die junge Frau, die mich aus einer Mischung von Mitleid und Ekel betrachtet, ist im besten Alter. Sie ist so um die 25 rum, sieht sehr gut aus, tiefschwarz sind Augen und Haare. Ein madonnenhaftes Gesicht und an Hals und Ohren blutigroten Granatschmuck. Bei ihr gibt es auch kein Klo, sondern ein Privé, das Wohnzimmer nennt sie Salon, und das kleine Zimmer heißt Cabinett. Hannerl, das fünfjährige Töchterchen, sieht mich immer so an wie die Besucher bei Hagenbeck ihre Affen. Mit mir sprechen will sie nicht. Spreche ich sie an, läuft sie kichernd weg. Hinter meinem Rücken zeigt sie mit ihrem dicken

Wurstfinger auf mich und sagt: »Der war's Mutterl«. Wenn irgend etwas nicht in Ordnung ist, höre ich schon: »Der war's«. Eine Puppe ist kaputt – »Der war's«. Eine Tafel Schokolade wurde angebissen – »Der war's«. Von diesem ewigen »Der war's« träume ich schon. »Der war's« sind denn auch die ersten Worte, die der Burschi sprechen kann. Als der kleine Scheißer seine Hosen voll hat, zeigt er auf mich und sagt: »Der war's«. Diesmal bekomme ich kein »Du böser, schlimmer Lauser« an den Kopf geworfen, die Situation war diesmal zu eindeutig.

In der ersten Nacht komme ich überhaupt nicht zur Ruhe, denn Frau Tante war auf mein Kommen noch nicht vorbereitet, und so mußte ich in Burschis Kinderbett schlafen. Nicht, daß es überall zu kurz war, es roch auch nach undichten Kindern. Morgens macht die muffige Anna mir das Frühstück. Weil es so gesund ist, bekomme ich jetzt regelmäßig einen großen Kloß Maisbrei, die anderen sind gesund genug, die brauchen diesen Kleister nicht runterzuwürgen. Dieses fremde Essen schmeckt mir überhaupt nicht, aber aus erzieherischen Gründen bekomme ich gerade das vorgesetzt, was ich überhaupt nicht mag. Paradeiser und Paprika wird mir mit Gewalt eingetrichtert, solange bis mir schlecht wird und ich die ganze Mahlzeit auf den Teller zurückbefördere. Jetzt hat man auch mitbekommen, daß ich keinen Käse esse. Nun lerne ich nach und nach alle Variationen dieses Milchproduktes kennen. Anna war ordentlich stolz darauf, daß sie Harzer bekommen hatte, den eigentlich keiner kannte und den sie mir schön dick aufs Schulbrot legen konnte.

Es gibt keinen Herrn Onkel, sondern nur eine Frau Tante. Frau Tante ist schon am ersten Tag des Krieges Witwe geworden. Eine Eisenbahntür hat dem armen Herrn Onkel den Kopf zerschmettert. Aber besuchen tue ich ihn oft, manchmal sogar täglich, denn er liegt auf dem Ottakringer Friedhof, der bei uns nur ums Eck ist. Frau Tante und ich machen oft unseren Friedhofsgang, so wie die Männer, die nur mal kurz ein Bier trinken, so machen wir unsere kurze Stippvisite auf dem Gottesacker. Wenn Frau Tante ihren schwarzen Schleier vor die Augen bindet und das Kommando gibt: »Komm, wir gehen auf einen Sprung zu Vaterls Platzl«, habe ich schon meine Mütze und die Trauermiene aufgesetzt. Rechts eine grüne Gießkanne und links eine kleine Schaufel. Oft trifft mich ein Seitenblick von ihr, wenn ich meine Hände gefaltet habe. Zu gern möchte sie wissen, was wohl in meinem ungläubigen Kopf vorgeht. Sie hält mich bestimmt für einen kleinen Lehrling vom Teufel. Wie ich zum erstenmal am Grabe, so wie ich es von meinen Eltern gelernt hatte, das Vaterunser betete, bekam Frau Tante vor Schreck einen Schluckauf. Unvorstellbar, wie der Heide sich verstellen kann, eine Frechheit ist das schon, jetzt versucht er auch noch mit meinem Gott zu sprechen.

Zu Weihnachten kommt in Wien zu den guten Kindern das Christkind und bringt Süßigkeiten und Geschenke. Zu den schlechten kommt der Krampus. Der Krampus ist eine österreichisch-katholische Erfindung. Ein Mensch, als Teufel verkleidet, verprügelt gegen Entgelt anderer Leute Kinder. Einen wahnsinnigen Moment lang denke ich, daß das Christkind auch zu mir kommen würde. Aber ich irre mich. Da ich immer unartig und schlimm war und auch die rechten Gebete nicht hersagen konnte, bekomme ich vom schwarzen Krampus fürchterliche Prügel. Am liebsten würde ich laut nach meinen Eltern schreien, aber aus Angst pinkel ich in die Hose. Frau Tante hat den Kinderquäler für seine Schlägerei bestimmt fürstlich bezahlt. Es ist wohl auch ihre ganz persönliche Rache und Abrechnung mit Martin Luther und seinen Rebellen. Abends im Bett bete ich unter Tränen: »Lieber Gott, mache, daß ich morgen wieder zu Hause bei meinen Eltern bin.« Das Gebet wird aber nicht erhört.

Alle sind nicht so streng zu mir wie die Frau Tante. Unter uns im Parterre wohnt ein Herr Professor, der holt mich manchmal in seine Wohnung. Dann liest er mir plattdeutsche Geschichten vor. Genauso wie mein Vater spricht er dann von Lütt Matten, den Has, von Reincke Voss und von Fritz Reuter. Danach fragt er mich, ob es mir gefallen hat und ob ich ihn auch gut verstehen konnte? »O ja, das war alles ganz wunderbar.« Fürs gute Zuhören bekomme ich Herrenkringel als Belohnung. Auch soll ich mit dem Herrn Professor Platt sprechen, aber das möchte ich nicht gern, denn mit so einem gebildeten Mann spricht man doch nicht so ordinär. Plattdeutsch ist die Sprache der Bauern und Hafenarbeiter, sagt meine Mutter. Der Professor ist ein komischer Kauz, meint Frau Tante, und dabei tippt sie sich mit dem Finger gegen die Stirn.

Wenn Besuch kommt, dann muß ich ins Cabinett gehen, weil ich störe. Doch einmal will der Besuch mich unbedingt sehen. Ein Herr, nein ein Jäger oder Förster, möchte den Buam aus Hamburg kennenlernen. Es ist der Bruder der Gnädigen, er kommt aus der Steiermark, und genau so sieht er auch aus. Er trägt kurze Lederhosen, einen dicken Rasierpinsel am Hut und Strümpfe, die nur halbfertig sind. Er ist ein sehr großer kräftiger Mann, mit einem freundlichen Gesicht, das gerne lacht. Er erzählt schöne Geschichten aus den Bergen und kann jodeln, daß Frau Tante die Hände über den Kopf zusammenschlägt und Anna fluchtartig die Wohnung verläßt. Er nimmt mich immer mit, wenn er kleine Besorgungen zu machen hat. Sogar ein gepreßtes Edelweiß, was er in seiner Brieftasche trägt, hat er mir gezeigt. Ein Auto hat er auch, es ist natürlich grün und heißt Laubfrosch, und ich darf mitfahren. Es ist meine erste Autofahrt. Ein wunderbares Gefühl, wenn wir

Endlich habe ich meine heißersehnte Skimütze bekommen

beide durch die Straßen sausen. Onkel Bastian hupt an jeder Ecke, schade, daß keiner meiner Schulfreunde mich sieht. Nach vierzehn Tagen ist der Spaß zu Ende, der grüne Jäger fährt mit seinem Laubfrosch wieder davon. Er will mich mitnehmen, aber das geht ja nicht. Zum Abschied darf ich Bastian sagen, ohne Onkel, toll. Frau Tante atmet hörbar auf, als der Laubfrosch knatternd die Wilhelminenstraße hinunterbraust.

Meine Eltern haben inzwischen die Fotos vom Heiligen Abend bekommen. Man sah, daß ich todunglücklich war, mir hingen noch die Tränen vom Krampuserlebnis in den Augen. Mit dem Foto in der Hand rannte Mutter von Pontius zu Pilatus, um für mich eine neue Pflegestelle zu bekommen, und sie hatte Erfolg.

Sechs Wochen später ist es soweit, mein Koffer ist gepackt, und ich sage: »Servus«. Mache meinen Diener vor Frau Tante, stottere noch ein »Ich dank auch schön«. Ein »Pfürdi« für das Dienstmädchen Anna, die jetzt ihren Maisbrei alleine essen muß, dann gebe ich der Hannerl und dem Burschi die Hand, dem kleinen Scheißer drücke ich sie so sehr, daß er zu heulen anfängt, dazu sage ich: »Der war's«. Der Abschied fällt mir leicht.

Mit der Tramlinie fünf und der gleichen Frau in Loden, die mich schon einmal begleitet hat, fahre ich zum Johann-Nepomuk-Berger-Platz. An der Ecke Lilienstraße und Friedrich-Kaiser-Gasse, im Herzen Ottakrings, sind wir am Ziel. Franck steht am Türschild. Ein freundlicher Mann mit Hosenträgern öffnet: »Servus! – Da bist du ja, unser neuer Bub. Bist also aus Hamburg? Schauts arg aus im Reich mit die Mordbrenner-Flieger? – Also, ich bin der Onkel, und das da, ist die Tante. Gib ihr einen Bussi auf die Wange! Blass schaugst aus, das kommt wohl vom vielen Sitzen im Luftschutzkeller? – Mutterl, mach dem Bubi doch schnell einen Semmel, nein, lieber gleich zwei!« Das sind aber nette Leute, die fragen gar nicht, ob ich katholisch, evangelisch, reformiert, mariniert oder perforiert bin, die freuen sich echt, daß ich gekommen bin. Die Francks wohnen in einer besseren Arbeiterwohnung, drei Zimmer und Küche ohne Bad. Küche und Bad sind eine Einheit. Die Badewanne wird an Nichtbadetagen mittels einer Abdeckplatte zum Küchentisch umgerüstet. An Badetagen gibt es eine genaue Reihenfolge: Zuerst kommt die Tante dran, diese Tante heißt jetzt nur noch Tante, nicht mehr Frau Tante, also nach Tantes Bad steigt Onkel ins Wasser, und als letzter komme ich rein, immer im gleichen Badeschaum. »Das macht aber nichts«, wie Onkel sagt, »Tante und ich sind saubere Menschen.«

Die Tante ist eine nette liebe Dame mit bläulich schimmerndem Haar, mit einem kranken, aber guten Herzen. Sie streicht mir oft gedankenverloren über die Haare und sagt dabei leise: »Ach, du lieber kleiner Bub, du dummes kleines Schapperl du, was weißt du schon davon, wie es in meinem Herzen aussieht. Wenn ich schon lange tot bin, wirst du vielleicht begreifen, was um dir herum vorging. Wie soll das noch alles werden? Ich könnte den ganzen Tag und die ganze Nacht weinen. Wir leben alle in einer bösen Welt.« Wenn sie sowas sagt, dann sind ihre schönen schwarzen Augen voller Tränen. Ich bin dann immer ganz traurig, weil sie auch traurig ist. Ich mag sie wirklich sehr gern. Onkel ist eine richtige Frohnatur, jederzeit zu einem Schwätzchen aufgelegt, sein Freund ist der Humor und sein Feind die Traurigkeit. Trotz seines Bäuchleins ist er behende wie ein Eichhörnchen. Er ist einer, dem man gern immer wieder zuhört, auch wenn er Geschichten erzählt, die man schon lange kennt. Auch hat er die Eigenschaft, daß er absolut unwichtige Dinge wie Weltsensationen verkaufen kann. Er ist ein echter Nestroy-Typ.

Auf der anderen Straßenseite haben Onkel und Tante ein Kurz- und Miederwarengeschäft. En gros et en detail steht auf einem Schild über dem Eingang. Ihre Kunden sind Händler, die mit dem Bauchladen durch die Mietskasernen ziehen und ihre Waren an arme Leute verkaufen. Im Magazin, wie der Onkel sein Warenlager nennt, lagern bunte Ballen aller Art, aus Tüll, aus Seide und aus Samt. Es ist ein unheimlich schönes Gefühl, diese Sachen zu berühren, man meint dann, man ist der Prinz im Märchen. Auch liegen in diesem Gewölbe ganze Kisten mit farbigem Nähgarn, so bunt, wie ein Regenbogen. Ich darf diese Rollen sehr oft nach Preis und Nummer sortieren. Da vergesse ich schnell meine Schularbeiten, weil diese Arbeit mir so viel Spaß bringt.

Früh ist der Onkel schon in die Hitlerpartei eingetreten, das war er doch seinem Führer schuldig. Der genauso wie er aus der Provinz kam. Mit dem Kaiser hatte der Onkel genauso wenig am Hut wie mit den Herren Schuschnigg und Dollfuß, da war der Mann aus Braunau schon mehr nach seinem Geschmack. Und sorgte nicht der Führer auch für ihn? Wurde nicht gerade jetzt ein ganzes Volk neu eingekleidet? Auf dem Bekleidungssektor war doch allerhand los hier. Nirgend im Großdeutschen Reich sieht man so viele Uniformen und nirgends so viele Fahnen wie hier in Wien. Onkel nahm jetzt, neben Nähnadeln, Büstenhaltern und Korsetts, auch HJ-Knöpfe und Uniformen in seine Kollektion auf. Oft hörte ich ihn sagen: »Hätte ich doch nur eine ganz kleine Fahnenfabrik, dann hätte ich bis an mein Lebensende ausgesorgt.«

Besonders schön sind die Sonntage, wenn der Onkel uns mit Musik weckt. Einen schneidigen Marsch oder einen feschen Walzer hämmert er dann auf dem Klavier herunter, daß die Wände wackeln. Tante greift sich dann an ihr Herz und sagt mit einem Aufstöhnen: »Paul, Paul, du bringst mich noch um. Der Sozi unter uns denkt noch, wir haben den Ersten Weltkrieg gewonnen.

Muß denn das sein?« Schnitzel und Kartoffelsalat werden eingepackt sowie verschiedene Tüten mit Brausepulver und Bonbons. Mit irgendeiner Tram geht es dann ab ins Grüne: nach Baden bei Wien, in die Lobau oder ins Helenental. Ich dachte immer, im Prater stehen nur Bäume, die ab und zu mal blühen. Aber das stimmt nicht, der Prater ist ein richtiger Hamburger Dom, ein großer Rummelplatz. Dort steht ein Riesenrad, mit so großen Gondeln wie die Wagen der Straßenbahnlinie 18. Jedesmal, wenn der Zug der Hochschaubahn in die Tiefe stürzt, schreit der Onkel, der neben mir sitzt, auf als würde er geschlachtet. Zum Abschluß bekommt noch jeder ein großes Eis, die Tante eins mit Borkenschokolade.

Wir sind nach Schönbrunn gefahren, wir waren auf dem Stephansdom und auf dem Kahlenberge. Jeden Sonntag hat sich der Onkel ein neues Reiseziel einfallen lassen. Nach so einem Tag kommen wir todmüde, aber glücklich nach Hause. Das Heimweh nach Hamburg habe ich längst vergessen. Der Onkel und die Tante müssen mich regelmäßig daran erinnern, daß ich nicht vergessen soll, an meine Eltern zu schreiben.

Hier bin ich nun der jüngste Sohn im Hause. Dabei haben die Francks noch zwei, die ich aber noch nicht gesehen habe, weil beide Soldaten sind. Pauli ist der ältere und 21 Jahre alt, Ludi, sein Bruder, ist 19. Dem Pauli, so erzählt der Onkel, ist in der Straßenbahn immer schlecht geworden, also, Pauli ist jetzt Stukaflieger auf Kreta. Er ist der Held der Familie, denn er hat als Auszeichnung das Deutsche Kreuz in Gold bekommen. Ludi ist Fernmelder in Frankreich. Bestimmt ist er bei der Nachrichtentruppe gelandet, weil, wie die Nachbarin Frau Mauersberg erzählte, der Ludi so wunderbar jedes Radio einstellen konnte.

In der guten Stube, auf dem Nähtischchen am Fenster, steht ein Tannenbaum. Dort steht er immer, denn dort ist sein Platz, nur datumsmäßig ist er etwas deplaziert, denn es ist Sommer, Mitte Juni. Es ist ein Wunder, daß der kleine Baum überhaupt noch eine einzige Nadel an seinen Zweigen hat. Aber Onkel hegt und pflegt ihn täglich mit Wasser und Gießkanne. Pauli sollte zu Weihnachten auf Urlaub kommen, es wurde aber nichts daraus. Erst wurde er verlegt, dann war eine allgemeine Urlaubssperre. Der Onkel beschloß, der Tannenbaum bleibt so lange stehen, bis der Junge zu Besuch kommt, egal wie lange es noch dauert.

Heute ist der 22. Juni 1941, wieder ein Sonntag. Aber der Onkel spielt keine Märsche oder Ländler, statt dessen hört man aus dem Radio die Siegesmeldungen, die mit Fanfarenstößen angekündigt werden. Deutschland ist in die Sowjetunion einmarschiert. Vierzehn Tage später steht Onkel im Zimmer und putzt den Tannenbaum wieder ab. Legt die Kugeln sauber in die dafür vorgesehenen Kartons zurück, nimmt vorsichtig die zarten Engel vom vertrockneten Zweig, wickelt sie sanft und behutsam in Seidenpapier, packt die bunten Kerzen weg. »Warum?« frage ich. – »Pauli kommt nie wieder.«

Das 4. Kapitel

erzählt vom Leben auf »St. Liederlich«, vom Kaufmann Teege und vom Sterben einer Stadt

». . . und de Moler, mit den Pinsel ohne Hoor, is dat nich wunnerboooor? . . .« Laut singt mein Vater den amerikanischen Sternenbanner-Marsch mit seinem eigenen Text, denn er ist gut gelaunt. Die Renovierung unserer neuen Wohnung ist abgeschlossen. Die letzte Tür ist lackiert, und alle Zimmer haben neue Tapeten. Es war für ihn ein hartes Stück Arbeit, alles wieder so schön auf Vordermann zu bringen. Als meine Eltern diese Sechs-Zimmer-Wohnung zum erstenmal besichtigten, verschlug es ihnen den Atem, so verwohnt war alles. Der Vormieter hatte aus der Wohnung eine Herberge zur Heimat gemacht. Er hatte die einzelnen Zimmer an Artisten und Fahrendes Volk vermietet; er selbst lebte in der Speisekammer bei der Küche, aber die war ganz schön groß. In einem Raum mit schwarzen Vogelspinnen-Tapeten wohnte ein langer dünner Zauberkünstler. In einem anderen Zimmer, in dem es ekelhaft roch, hingen, lagen und standen ausgestopfte Füchse, Schlangen, Hasen und Ratten. Hier hauste ein Tierpräparator. Ein riesiges Bett mit einem rosa Balda-

Musterknabe

Mit meinem Bruder Heinz, der 1942 Soldat bei der Flak ist

chin stand im dritten Raum. Hier träumte eine verarmte Edelfrau von der guten alten Zeit. Manche Zimmer hatten überhaupt keine Tapeten mehr, sondern nur Plakate aus fremden Erdteilen, die windschief und halbzerfetzt an den Wänden hingen. Die ganze Wohnung war eine Mischung aus Zirkus, Panoptikum und Dreck. In der Küche stand ein Zwerg am Herd, und im großen Salon spielte eine dicke Frau »La Paloma« auf der Ziehharmonika.

Jetzt ist Frühjahr 1943. Ich bin schon seit einiger Zeit aus Wien zurück und habe mich in Hamburg wieder ganz gut eingelebt. Den Wiener Dialekt, den ich damals sprach, spreche ich nicht mehr. »Gottseidank«, sagt meine Mutter, »jetzt kann ich ihn wenigstens wieder richtig verstehen.« Zu Anfang habe ich aus alter Gewohnheit oft zu Mutter Tante und zu meinem Vater Onkel gesagt. Bei jedem Hans und Franz schlug ich die Hacken zusammen und grüßte mit »Heil Hitler«. Die guckten mich ganz verdattert an, und Vater sagte: »Nun laß man, bei uns genügt ›Guten Tag‹«. Zu Hause hat sich auch allerhand getan: Bruder Heinz, der nach seiner Arbeitsdienstzeit Soldat bei der Flak im Ruhrgebiet ist, hat geheiratet. Lore, seine junge Frau, sollte nun bei uns leben, bestimmte Mutter, denn das Kind, das sie erwartete, kann nur, muß sogar, im Schoß unserer Familie aufwachsen, nicht bei solchen Heinucken dort im Kohlenpott. Also wurde eine große Wohnung für alle gesucht. Endlich ging Mutters Traum in Erfüllung, Oberhaupt einer Großfamilie zu werden. Eine Sache schmeckte uns allerdings überhaupt nicht, die neue Behausung lag im verruchten Stadtteil St. Pauli.

St. Liederlich wird er von den braven Bürgern unserer Stadt genannt. Mich aber fragte natürlich keiner, ob ich mit umziehen will, ich will am liebsten in meiner gewohnten Umgebung bei meinen Freunden und Schulkameraden bleiben. Ein bißchen Angst vor der Umschulung und der neuen Klasse habe ich schon, denn ich weiß, wie die Neuen immer gehänselt werden. Zu blöd. Aber mein Klassenlehrer, Herr Vick, hat die Idee: »Lassen Sie den Jungen doch hier«, sagt er zu meinen Eltern, »er kann doch jeden Tag mit der U-Bahn fahren, so weit ist das doch nicht.« Und so wurde es nun gemacht, jeden Tag fahre ich seitdem vom Millerntor zum Borgweg und mittags zurück.

Die bunte, schillernde Welt zwischen Hafen und Heiligengeistfeld übt auf mich eine große Faszination aus. Stundenlang strolche ich oft bei den Landungsbrücken herum, überall gibt es was Neues zu sehen, und es riecht wirklich nach Salz und Teer. Wenn wir Jungens einmal Glück haben, dann nimmt uns auch mal ein Schipper auf seiner Barkasse oder seinem Schlepper mit, natürlich will man, wenn man gegen die Schiffsglocke hauen darf oder wenn man neben dem großen Steuerrad steht, Kapitän werden.

Hafengrandis, lustig zurechtgemachte Mädchen, die meisten haben knallrote Münder, die zu laut und zu oft lachen, beherrschen die Gegend um die Reeperbahn. Die Reeperbahn ist, glaube ich, gar nicht Hamburg, sondern etwas, was sich die Freie und Hansestadt mit einer lässigen Handbewegung einfach leistet. Ein nicht endenwollender Strom von Seh- und Seeleuten bevölkert die Straßen rund um die sündigste Meile der Welt. Es entsteht der Eindruck, ein ganzer Stadtteil ist ununterbrochen auf Wanderschaft.

Am Ende der Seilerstraße, wo ich jetzt wohne, liegt die Hamburger Volksoper, ein pompöser Kuppelbau aus dem vorigen Jahrhundert. Dort werden die neuesten Operetten gespielt: Maske in Blau, Wie einst im Mai, Liebe in der Lerchengasse. Es sind die Dauerbrenner der Saison. Im Operettenhaus, auf der anderen

Straßenseite, werden im Unterschied zur Volksoper die Klassiker der leichten Muse gespielt. Jeden Tag ein anderes Stück. Heute: Der Zigeunerbaron, morgen: Die Fledermaus, übermorgen: Das Land des Lächelns. Im »Trichter« auf der Reeperbahn ist die Hauptattraktion, wenn ein ganz, ganz leichtbekleidetes Mädchen auf einer Glaskugel vom Himmel auf die Tanzfläche schwebt. Überall ist was los, eine bunte Welt der Illusion. Die großen Show-Orchester aus Südamerika und Kuba treten in der Wilhelmshalle auf, und im Hein-Köllisch-Theater singt man Plattdeutsch. Dann das »Allotria« mit seiner tollen Rundbühne, wo die Zuschauer wie in einem Zirkus sitzen. Nicht zu vergessen sind die vielen Tanzcafés, wie Heinze, Mencke und Lausen, dort spielen die bekanntesten und beliebtesten Kapellen zum Tanz auf.

Dies ist für uns Kinder natürlich alles tabu. Wir huschen nur mal schnell an den Reklamekästen vorbei und riskieren einen Blick auf die ausgestellten Schönen, aber nur so lange, bis wir vom goldstrotzenden Portier, der einem hohen General ähnelt, verscheucht werden. Für uns ist der Zirkus da, im festen Bau am Millerntor. Immer, wenn es ein neues Programm gibt, bin ich einer der Ersten, die dabei sind. Löwen und Tiger, tollpatschige Bären und die lustigen Seerobben, Seiltänzer und Akrobaten, Clowns, Entfesselungskünstler und der Mann, der sich aus einer Kanone in die Zirkuskuppel schießen läßt. Das ist nach meinem Geschmack, das finde ich toll.

Die Halbstarken aber, die mit diesem Kinderkram nichts mehr im Sinn haben, stecken schon mal ganz gerne ihre Nase in die Welt der Erwachsenen. Wenn sie in einen Film gehen, der noch nicht jugendfrei ist, oder wenn sie in einem Lokal von einer HJ-Streife aufgegriffen werden, gibt es Wochenendkarzer. Die Mädchen müssen die Fenster im Rathaus putzen und die

Knaben dürfen Holz in Bergedorf sägen, immer nach der Melodie des Panama-Schlagers: »Bergedorf, du bist kein Zuchthaus, auch nicht Sing-Sing, Bergedorf, du bist Erholung für den Swing.«

In der kurzen Zeit unseres Wohnens in der Nähe der »Räuberbahn«, wie Vater die Reeperbahn immer nennt, ist unsere Familie schon zu Halb-St. Paulianern geworden. Viele Hausbewohner kennen wir jetzt, manche schon mit Namen. Unsere Nachbarn rechts an der Treppe heißen Schönböck. Schönböcks haben eine Laube in Waltershof, mitten im Hamburger Hafen. Dort bin ich oft bei ihnen, liege dann im hohen Gras und schaue über den Deich den vorüberfahrenden Schiffen nach und träume. Ich träume von der weiten Welt, von Hawaii, von Honolulu und von Madagaskar, von all den schönen Ländern und Städten, von denen Hans Albers auch immer schwärmt.

Frau Schönböck sagt, ich erinnere sie an ihren Kalli, als er noch so klein war wie ich. Wenn sie das sagt, weint sie immer, denn ihr Kalli ist vor einem Jahr mit seinem U-Boot im Eismeer untergegangen. »Für Führer, Volk und Vaterland«, sagt Herr Schönböck.

Die Nachbarschaft ist herzlich, jeder hilft jedem, wo er nur kann. Einer bringt für alle Schollen vom Fischmarkt mit, ein anderer besorgt Fleisch vom Schlachthof, der auch ganz in der Nähe ist, ein dritter hat Obst und Gemüse auf dem Markt organisiert. Vater ist im Gegengeschäft mit einem Farbtopf unterwegs und malt mal hier eine Decke und mal dort einen Feudelstrich.

Über uns, im dritten Stock, wohnt ein Kapitän. Er ist Kommandant auf einem Minensucher, der gerade zur Reparatur bei Blohm & Voss liegt. Also somit die beste Gelegenheit für die Seehelden über uns, ein Fest zu feiern. Es ist ein einmaliger Radau, die schweren Seestiefel der Matrosen kommen beinahe durch die Decke, der Putz fällt von den Wänden, und beim Schlager »Rosamunde schenk mir dein Herz und ein Ja ...« stürzt mein Vater ins Schlafzimmer, um den großen Kleiderschrank zu stützen, der umzustürzen droht. Am Morgen danach steht der Käptn vor unserer Tür, einer Wasserleiche ähnlich, er hat eine Buddel mit drei Sternen unterm Arm. Verkatert murmelt er: »Moin, war wohl'n bißchen laut?« Vater mustert ihn und fragt mit einem breiten Grinsen: »Ist die Schlacht denn wenigstens gewonnen?« »Nee, die mußte wegen zu starken Nebels abgebrochen werden.« »Noch 'ne Frage Käptn: Wie haben Sie die Pferde in den dritten Stock bekommen?«

Ich bin jetzt Onkel geworden. Onkel Peter, ganz schön witzig. Onkels sind doch nur ältere Männer: Onkel Max, Onkel Hermann oder Onkel Gustav, aber ich? Onkel Herbert, das geht ja noch so eben, aber so nennt mich ja keiner. Lore lacht jedesmal, wenn ich mich darüber aufrege. Sonst lacht sie in der letzten Zeit wenig, denn sie macht sich – genau wie wir alle – Sorgen um meinen Bruder, der in Afrika vermißt ist, seit der Krieg dort zu Ende ist. Warum mußte er sich überhaupt freiwillig melden? Wo mag er jetzt sein? Ob er noch lebt? Wenn die kleine Christel fröhlich herumkräht, fängt Mutter auch sofort zu unken an: »Ach, du armes Kind, du wirst deinen Vater nun nie kennenlernen.«

Zum Kaufmann Teege gehe ich sehr gern, denn sein Laden gefällt mir. Hinter einer langen Tonbank steht Herr Teege und bedient seine Kundschaft. Er empfiehlt von diesem und von jenem, hüpft wie ein Gummiball umher, reimt aus dem Stegreif und kennt die neuesten Geschichten aus der Nachbarschaft. Im Laden riecht es nach grüner Seife und nach Petroleum. Die ganze Rückwand des Ladens besteht aus vielen Schiebladen, in denen Mehl und Zucker, Gries und Haferflocken, Erbsen und Bohnen eingefüllt sind. Mehrstöckig stehen große Glashäfen übereinander mit bunten Bonbons und scharf riechenden Gewürzen. Eine große Waage mit kupfernen Schalen nimmt den Hauptplatz auf der Tonbank ein. Daneben liegen viele Gewichte aus Eisen und aus Messing. Salz wird in blaue und Zucker in weiße Tüten gefüllt. Große Mengen werden in viereckige und kleinere Portionen in spitze getan. Ich bewundere den ganz besonderen Kniff, den Herr Teege anwendet, wenn er die Tüten verschließt. Danach sieht eine wie die andere aus. Die Butter, man sagt immer beste Butter, holt er aus einem großen Holzfaß. Mit zwei geriffelten Holzbrettchen bearbeitet er die gewünschte Menge so lange zu einem Würfel, bis er zufrieden ist. Herr Teege ist kugelrund, das kommt davon, weil er mit bestem Appetit ununterbrochen von seinen feinen Sachen ißt. Zum Schluß bekommt man noch einen schönen Gruß für die ganze Familie mit auf den Weg und einen klebrigen Bonsche in den Mund geschoben.

Vater hat sich nach der Arbeit umgezogen und setzt sich zu mir. Wir hören im Radio den »Frohen Samstagnachmittag« aus Köln. Lore spielt mit der kleinen Christel, Mutter ist zum Kaffeeklatsch bei Tante Hella in Hammerbrook. Hoffentlich kommt sie nicht so spät nach Hause, denn in der letzten Zeit gab es oft Fliegeralarm, allerdings flogen die Bomber immer über Hamburg hinweg. Um elf Uhr ist es wieder mal soweit, Voralarm. Wir bleiben alle im Bett liegen, wie schon so oft. Die Flieger haben doch Angst, unsere Stadt anzugreifen, seit auf dem Heiligengeistfeld die zwei mächtigen Flaktürme gebaut worden sind mit ihren überschweren Geschützen. Geheimwaffen haben wir bestimmt auch noch, sonst würde doch der dicke Hermann Göring nicht so laut tönen: »Ich will Meier heißen, wenn ein feindliches Flugzeug Deutschland überfliegt.«

Es beginnt ein unbeschreibliches Getöse. Von den Flaktürmen schießen die Geschütze aus allen Rohren, die Fenster klirren, und die Sirenen heulen Vollalarm. Ein widerliches Auf- und Abschwellen, ein Ton, der einem die Angst in die Glieder fahren läßt und den man sein ganzes Leben nicht wieder vergißt.

In wahnsinniger Eile ziehe ich meinen Trainingsanzug über, schnappe einen immer gepackten Koffer mit den nötigsten Habseligkeiten. Jeder Handgriff sitzt. Im Laufschritt sause ich in Richtung Keller. Mutter und Lore sind schon aus der Wohnung, Vater schließt hinter mir die Wohnungstür. Im Treppenhaus das Getrappel von vielen Füßen, Hausbewohner der oberen Etagen hetzen an uns vorbei, dem Schutzraum im Keller zu. Ich werde gestoßen, geschoben, kriege einen Koffer in den Rücken und falle auf einen Vordermann. Das Licht geht aus, hier und da blinzelt eine Taschenlampe. Kinder schreien, Mütter schimpfen, ein alter Mann pöbelt laut. Ein Kinderwagen mit Inhalt ist umgekippt. Der Zug in die Unterwelt kommt ins Stocken, dabei kracht es ununterbrochen. Keiner hilft der jungen Frau, den umgestürzten Wagen wieder aufzurichten, jeder ist mit sich selbst beschäftigt. Eine alte Frau hat völlig den Kopf verloren, sie will zurück in die Wohnung, um ihre Katze zu holen. Zwischen dem Krachen hört man jetzt auch das giftige Brummen der feindlichen Flugzeugmotoren. Kalk rieselt von den Wänden, der Luftschutzwart quetscht sich mit Gewalt an mir vorbei in den Schutzraum. Einer riegelt die Tür zur Luftschleuse ab.

Im Keller riecht es schlecht. Ein Gemisch aus Müll und Asche, dazu der Mief von frischgekalkten Wänden hängt in der Luft. Die Bewohner haben sich hier unten verteilt, nur die Familien sitzen wie große dunkle Klumpen zusammen. Kinder haben ihre Köpfe in den Schoß ihrer Mütter vergraben. Unser Vater hat seine Arme schützend über mich und Mutter gelegt. Lore hat sich über den Kinderwagen mit der kleinen Christel geworfen. Bei jedem Knall, bei jedem Pfeifen zucken wir zusammen, mein Gott, ist das das Ende? Draußen ist die Hölle los, es heulen die Luftminen, ununterbrochen klatschen die Phosphorkanister zur Erde. Nimmt das denn gar kein Ende? Ein gewaltiges Krachen, wir werden ein Stück in die Höhe gehoben, dann folgt eine absolute Stille, die Frauen bewegen lautlos die Lippen zu einem Gebet. Das Notlicht ist erloschen. Sind wir schon tot, oder leben wir noch? Ein Streichholz wird angerissen, flackernd wirft es Schatten auf angstvolle Gesichter. Erst jetzt bemerke ich, daß ich die ganze Zeit über geweint habe. Fremde Männer stehen in unserem Keller und schreien mit überkippender Stimme: »Raus hier, euer Haus brennt!«

Irgendwie kommen wir alle auf die Straße. Rundherum brennen alle Häuser, die Giebel brechen zusammen und stürzen auf die Fahrbahn, Steine fliegen durch die Luft und prasseln auf das Pflaster. An einigen Stellen brennt sogar die ganze Straße, wie ein glühender Lavastrom kriecht das Phosphor über den Bürgersteig. Ein Wunder, keiner von uns ist verletzt. Wir erreichen die andere Straßenseite und suchen Deckung in einem halbzerstörten Milchgeschäft. Dort stehen schon dichtgedrängt Menschen an geöffneten Milchkannen, die einen behandeln mit der Milch ihre Brandwunden, die anderen trinken gierig von dem kühlenden Naß.

Das Detonieren der Bomben ist nun zu Ende, man hört nur noch das Brausen des Feuersturms und das Krachen der zusammenfallenden Häuserwände. Durch einen Mauerdurchbruch erreichen wir den großen Luftschutzbunker auf der Reeperbahn und sind in Sicherheit. In einem der vielen Räume kommen wir wieder zu uns. Mutter ist da, sie hat nur ihren Koffer verloren. Lore, mit der kleinen Christel auf dem Arm, weint hemmungslos. Der Kinderwagen mußte im Keller zurückbleiben. Nur unser Vater ist nicht da. Wo ist er? Wer hat ihn zuletzt gesehen? Keiner weiß was. Mein Gott, Vater! Ich will raus, um ihn zu suchen, aber Mutter und Lore halten mich fest.

Inzwischen wird es im Bunker immer voller. Aus allen Richtungen kommen Obdachlose. Schwarzgefärbte Bombenopfer und Bardamen in bunten Flitterkleidern, Leute mit ihren Haustieren, mit Katzen, Hunden und Papageien. Soldaten und Matrosen in versengten Uniformen. Viele Verletzte, die noch mit letzter Kraft laufen können, mit durchbluteten Verbänden. Im Eingang liegt eine tote Frau, keiner kümmert sich um sie. Im Nebenraum hat man einen hohen Nazi zusammengeschlagen. Nirgends sieht man Leute in Parteiuniformen. Neben mir schmeißt einer heimlich sein Hakenkreuz-Abzeichen weg. Feldgendarme suchen Soldaten und finden auch welche, die sich betrunken hinter Bettzeug versteckt haben. Die Nacht geht zu Ende, es gibt aber keine Entwarnung, denn alle Sirenen sind kaputt.

Mutter, Lore und ich sitzen wie lebende Tote auf der Bank, es ist uns ganz egal, was jetzt noch kommen soll. Wir sind so fertig, daß wir nicht mal mehr denken können. Dort an der Tür taucht ein Mann auf, der wie der Leibhaftige aussieht mit seinem abgebrannten Schnurrbart und seinem pechschwarzen Gesicht. Ist das Vater? Kann das Vater sein? »Vater!« Ein Schrei: »Vater!« Nur dies eine Wort, die Familie liegt sich in den Armen, weint, lacht, weint, lacht, nun ist alles gut. »Muttchen, nun pfangen wir wieder von pforne an«, sagt unser Vater mit einem Anflug von Galgenhumor.

Ein Stadtteil nach dem anderen sank in Schutt und Asche. Durch die glühende Sommerhitze und durch die Dürre, durch den schnellen Ausfall der Wasserversorgung wuchsen selbst kleine Brände bald zu gigantischen Feuerglocken, die alles Leben erstickten. Es tobten Feuerstürme von unvorstellbarer Gewalt und Heftigkeit, mit über tausend Grad Celsius. An Rettung war überhaupt nicht zu denken. Was menschlicher Vernichtungswille begann, setzte die entfesselte Natur fort. Glühende Balken flogen wie Papier durch die Luft, und uralte Bäume wurden wie nichts entwurzelt. Kinder, von den Händen ihrer Eltern gerissen, wurden von dem Luftstrom einfach ins Feuer gezogen. Menschen brannten wie Fackeln, und keiner konnte sie, trotz ihrer Hilfeschreie, retten. Frauen, Männer, Kinder, die sich nach furchtbarem Kampf aus dem glühendheißen Keller noch retten konnten, fielen vor der wahnsinnigen Gewalt der Hitze zu Boden und erstickten, da die ungeheure Feuersbrunst ihnen den Sauerstoff zum Atmen nahm. Straßen waren mit Hunderten von Leichen bedeckt. Was sich dort in den verschütteten Luftschutzkellern in Hamm und Hammerbrook abgespielt hat, das zu beschreiben wird wohl für immer unmöglich sein. Brandgeruch erfüllte die ganze Stadt, überall und auf allem lag eine feine dünne Schicht aus Aschenstaub, auf jedem Haus, jedem Baum und jedem Strauch, eine grüne Stadt war über Nacht grau geworden.

Der nächste Tag scheute sich zu erscheinen. Nachmittags um vier ist noch tiefe Nacht. Pechschwarze Wolken verhindern, daß die Sonne auf die geschändete Stadt schaut.

Mein Vater und ich bahnen uns einen Weg durch die Trümmer, um zu sehen, was von unserem Haus noch übriggeblieben ist. Wir wollen eventuell noch Hausrat bergen, aber es ist alles hoffnungslos, wir finden kaum den Platz, wo wir einmal gewohnt haben. In der Dunkelheit glüht die Kuppel der Volksoper, Teile der Bühnendekoration fliegen bei uns vorbei. Unsere Füße verheddern sich in ein Kinotransparent: Verwehte Spuren. Meine Augen tun mir weh, sie sind voller Ruß und Dreck. Neben mir kracht eine ausgebrannte Hausmauer in sich zusammen. Trotzdem, eine merkwürdige totenähnliche Stille. In diese Stille hinein, sakral und gespenstisch zugleich, sagt mein Vater das Gedicht von der Glocke auf. Ich denke, jetzt ist es mit Vater so weit: »Leergebrannt ist die Stätte...« Etwas entfernt sehe

Ein Stadtteil hat aufgehört zu leben. Hammerbrook im Juli 1943

ich, wie zwei Männer vom Luftschutz sich die Helme abnehmen und ihre Hände falten.

Ein Feuerwehrmann kommt auf uns zu, er fragt: »Wohnen Sie hier? Liegen hier noch Tote unter den Trümmern?« – »Keine Ahnung, wir wohnten mal hier, aber wo, das können wir Ihnen mit dem besten Willen nicht sagen.« Der Mann von der Feuerwehr kommt langsam näher und erzählt: »Wir sind schon stundenlang im Einsatz und kommen aus Berlin, aber was sollen wir machen, kein Wasser zum Löschen, wir können nur zusehen, wie die schönen Häuser einfach abbrennen, ein Trauerspiel ist das.« Zum Abschluß sagt der Helfer aus Berlin dann noch und sieht mich dabei an: »Ja, mein Junge, du wirst dein Hamburg nie wieder heil sehen, bis man die Trümmer weggeräumt hat, werden bestimmt hundert Jahre vergehen.«

Nach acht Tagen Bunkerleben wollen wir unsere anderen Familienangehörigen suchen. Wir machen uns auf den Weg nach Hammerbrook. Die erste Strecke fahren wir mit einem Lastwagen, das Verkehrsmittel der Stunde. Auf ihm finden sich die verschiedensten Menschen zusammen. Frauen, die erstaunlich gelenkig über die Wagenwände hochturnen, Soldaten, die diese Art von Transporten schon gewohnt sind, Männer im Arbeitsanzug und Leute, denen man ansieht, daß sie sonst nur Reichsbahn Erster Klasse fahren. Eng gedrängt schützt und stützt einer den anderen. Wir kommen an Häuserruinen vorbei, an denen die ehemaligen Bewohner mit Kreide oder Farbe Mitteilungen geschrieben haben: Schusters sind jetzt in Rahlstedt. Oder: Paul und Erna leben und wohnen bei Möllers. Aber auch schon frischgedruckte Plakate sehen wir: Zum Tode verurteilt wurde ... und dann folgen Namen von Leuten, die aus beschädigten Wohnungen Wäsche, Möbel oder Lebensmittel entwendet haben. Oft sind es nur Kleinigkeiten, nur ein Anzug, ein Stuhl oder eine Dauerwurst gewesen.

Wir sind nun in Hammerbrook. Aber wo? Es gibt keine Straßen mehr, wir haben die Orientierung verloren. Sind wir in der Sachsen- oder Wendenstraße? Man sieht keine Querstraßen mehr, alles ist hoffnungslos verfilzt. Einige Fassaden stehen noch, sogar mit Balkons, an denen die Blumenkästen hängen. Und über allem ein Schweigen, das schon wehtut, eine absolute Ruhe, eine Totenstille. Ein ganzer Stadtteil hat aufgehört zu leben. Zwei alte Polizisten – oder sind sie in diesen Nächten so alt geworden? – kommen auf uns zu: »Sie müssen dieses Gebiet verlassen, wenn Sie keinen Passierschein haben!« »Wir gehen schon«, sagt mein Vater erschüttert, »hier ist doch alles hoffnungslos.«

Einer der Polizisten fängt an zu erzählen: »Gestern war ein Soldat hier, der hatte Sonderurlaub bekommen. Der lief immer umher und suchte sein Haus, das er überhaupt nicht finden konnte, wir konnten ihm auch nicht helfen, da wir selbst nicht wußten, in welcher Straße wir eigentlich standen. Nach drei Stunden kam er wieder, wir hatten ihn schon längst vergessen. Er wollte von uns einen Spaten haben, den haben wir ihm auch gegeben, denn er glaubte, sein Haus gefunden zu haben. Nach weiteren zwei Stunden sahen wir den Soldaten noch einmal, er hatte seine Familie gefunden: Seinen Vater und seine Mutter, seine Frau und drei Kinder, das jüngste war wohl so vier Jahre alt. Alle tot. Wie versteinert stand er davor, dann nahm er, ohne daß wir es richtig mitkriegten, seine Pistole und schoß sich vor unseren Augen eine Kugel in den Kopf. Ja so war das.«

Unsere Verwandten, Onkel Gustav und Tante Hella, haben wir nicht gefunden. Wenn sie jemals gefunden worden sind, dann ruhen sie mit den anderen 48 000 toten Männern, Frauen und Kindern auf dem Ohlsdorfer Friedhof, bei der Kapelle 13.

Das 5. Kapitel

erzählt vom Güterzug ohne Ziel, vom Fotolabor im Klo und vom Zeugnis, das nach England schwimmt

»Weiter, weiter, schneller, Beeilung!« Uniformierte Wichtigtuer machen sich mit diesem Geschrei Mut und uns lange Beine. Wir hetzen über den Verladebahnhof, vorbei an ausgebrannten Güterzügen und umgestürzten Lokomotiven. Neben mir taumelt Lore, die ihre kleine Tochter kaum noch auf den Armen halten kann. Stolpernd, mit ausgepumpten Lungen, erreichen wir einen unter Dampf stehenden Güterzug. Einige Waggons sind schon mit Flüchtlingen vollgestopft. Verängstigt und verstört schauen sie aus den offenen Türen. Mühsam, mit unserer letzten Kraft, erklimmen wir einen leeren Viehwagen, auf dem mit großen Lettern steht: Räder müssen rollen für den Sieg. Nach einer endlosen Rangiererei, wir werden jedesmal von den Stößen der gegeneinanderprallenden Puffer von einer Seite auf die andere geworfen, manchmal fallen wir auch hin, setzt sich der Zug langsam in Bewegung. Durch die zentimeterbreiten Ritzen im Boden kann man sehen, wie die Geschwindigkeit langsam zunimmt. 30 bis 40 Personen sind an Bord. Manche stehen, genauso wie ich, noch

Flüchtling
Auf dem Seesteg in Zoppot, 1943

ratlos herum. Andere haben sich, am Ende ihrer Kräfte, auf dem mit Schweinemist beschmutzten Boden lang ausgestreckt. Ein paar Halbwüchsige lehnen sich angeberisch aus der offenen Schiebetür und warten auf das große Abenteuer.

Hamburg ist in drei schrecklichen Luftangriffen so »ausradiert« worden, wie Adolf Hitler in einer seiner haßerfüllten Reden es seinen Feinden angedroht hatte. Tausende Menschen sind getötet worden, ganze Stadtteile gibt es nicht mehr. Die Überlebenden wohnen in Bunkern, Kellern und Ruinen. Frauen und Kinder sollen auf dem schnellsten Wege die Stadt verlassen. In aller Eile werden in den Vororten Transporte zusammengestellt. Güterzüge sollen die Menschen irgendwo hinschaffen, denn die nächsten Angriffe erwartet man stündlich. Aus dem restlos überfüllten Bunker, in dem chaotische Zustände herrschen, werden wir durch die noch immer brennende Stadt zu einem Güterbahnhof gefahren. Mehrmals werden die Autos umgeleitet, da Blindgänger in den Straßen liegen. Unsere Eltern sind im Bunker zurückgeblieben. »Wir müssen doch die Stellung halten«, sagten sie mit Zittern in der Stimme, und leise fügten sie noch hinzu: »Möge es Gott geben, daß wir uns noch einmal sehen.«

Die Nacht im Zug ist schrecklich. Kleine Kinder plärren, denn sie sind dreckig, hungrig und durstig. Schlafen kann keiner. Uns ist lausig kalt, vor Übermüdung schlagen die Zähne klappernd aufeinander. Der Transport dampft immer weiter seinem unbekannten Ziel entgegen. Dann, nach endlos langer Fahrt, der Morgen dämmert bereits, ein verwaschenes Bahnhofsschild »Lauenburg«. Das kann doch nicht wahr sein, unmöglich! Lauenburg liegt doch nur einen Flohhupf von Hamburg entfernt. Ein Fliegender Holländer auf Rädern. Jetzt fahren wir auch nur noch auf Nebenstrecken. Keiner weiß, wo wir eigentlich sind, noch in Schleswig-Holstein oder in Mecklenburg oder gar schon in Sachsen? Einmal bringt uns ein schlechtgelaunter Eisenbahner einen Eimer Wasser. »Euch ham se vergessen«, sagt er, »nicht mal der Lokführer weiß, wo die Reise hingehen soll.« Doch endlich, Endstation. Kurz vor Berlin, in Königswusterhausen, Mark Brandenburg, werden wir ausgeladen.

Viele Bauern aus der Umgebung sind mit Pferd und Wagen zum Bahnhof gekommen, um Bombenmenschen abzuholen. Goldfasane von der NSDAP, Frauen von der Frauenschaft, Hitlerjungen und Schwestern vom Roten Kreuz laufen planlos und aufgeschreckt umher. Sie rufen Namen auf und versuchen in das heillose Durcheinander Ordnung zu bringen. Listen werden angelegt und sofort wieder zerrissen. Es wird getröstet und gezankt, gestritten und gescholten. Manche Helfer treten besonders forsch auf, andere stehen sich selbst im Wege und sind dem Weinen sehr nah. Wir aus dem Zug lassen alles mit uns geschehen, uns ist alles egal. Wir fühlen uns, als hätte uns der Satan ausgespuckt. Abgerissen und verdreckt, wir stinken, denn wir haben unsere Kleider die ganze Zeit nicht vom Leibe bekommen, seit wir vor Tagen in Hamburg in den Keller rannten. Wir sind müde, und unsere Augen brennen, sie sind rot vom Weinen und vom Aschenregen. Schon auf der Fahrt quälte mich das Heimweh. Ich wollte immer wieder nach Hause, ich konnte einfach nicht begreifen, daß alles, woran mein Herz hing, ein für allemal verloren war. Dabei habe ich doch mit eigenen Augen gesehen, wie unsere Wohnung in Trümmern lag. Ich konnte einfach mit dem Gedanken nicht fertig werden, daß das alles Vergangenheit war. Ich ertappte mich immer wieder bei dem Gedanken, daß alles nur ein böser Traum sei, der gleich zu Ende ist, und ich wache in meinem Bett in meinem Zimmer wieder auf. Dort, ich meinem Zimmer, konnte ich schalten und walten, wie ich wollte, nur wenn das Chaos zu groß wurde, dann griff meine Mutter mit ordnender Hand ein. Dort konnte ich heimlich unter der Bettdecke Schundromane lesen. Dort konnte ich mit meinen Indianern, das Stück zu 20 Pfennigen, die Schlacht am Blauen Berge gewinnen. Und dort konnte ich mit Klaus Störtebeker auf hoher See sein. Die einst so vertrauten Geräusche fehlten mir auch, das tiefe Brummen der Glocken vom Michel, die wir bei uns hören konnten, das aufgeregte Tuten vom nahen Hafen her und das schrille Quietschen der Linie 6, wenn sie in die große Kurve am Paulinenplatz ging.

Wir sitzen schon auf dem Bauernwagen, Lore und Christel vorn neben dem Kutscher und ich hinten auf der Ladefläche, als Lore plötzlich, wie aus einem tiefen Schlaf erwachend, vom Wagen aufspringt und mir zuruft: »Komm, Peter, hier bleiben wir keine Stunde. Morgen kommen die Flieger bestimmt hierher und schmeißen uns mit ihren Bomben tot.« Dem braven Bauersmann fällt vor Schreck die Pfeife aus dem Mund. Eine Stunde später sitzen wir in einem Bummelzug nach Berlin. Uns klingt noch das Gezeter des Parteimenschen im Ohr: »Jetzt stimmt ja meine Soll-Liste nicht, meine Liste, meine Soll . . .« Lore hat Verwandte in Zoppot bei Danzig, da wollen wir jetzt hin. Soweit werden die Flieger wohl nicht kommen.

Strahlender Sonnenschein in Zoppot. Alles ist in Weiß, die Häuser, die Menschen, der Strand. Krieg, was ist das? Eine Sache, mit der die schöne, weiße Stadt nichts zu tun hat. Mit unseren dreckigen Klamotten stören wir sehr. Wir spüren körperlich, daß wir das ganze schöne Weiß mit unserer Anwesenheit beleidigen. Alle weißen Menschen machen um uns einen weiten Bogen, nur der Bahnbeamte nicht, der unsere Fahrkarte sehen will. »Wir haben überhaupt keine.« – »Überhaupt keine? Ich höre wohl schlecht? Das gibt's doch überhaupt nicht. Da reisen diese dreckigen Herumtreiber quer durch Deutschland ohne gültigen Fahrtausweis! Mit solchen Figuren machen wir kurzen Prozeß, ihr Landstreicher. Wäre ja noch schöner, wenn jeder Volksschädling sich an der Allgemeinheit mästen würde. Ich werde Euch melden.« Lore versucht, dem empörten deutschen Beamten klar zu machen, daß wir aus der zerstörten Stadt Hamburg kommen, wo wegen der Bombenangriffe nirgends mehr Schalter für den Fernverkehr geöffnet sind. »Bombenangriffe, Paperlapapp, alles nur Feindpropaganda, darüber lach ich. Im übrigen: Terrorangriffe heißt das, das schreiben Sie sich für die Zukunft hinter die Ohren!« Er murmelt noch was Unverständliches, dann zeigt er mit seinem Finger zum Ausgang: »Schwirrt ab!«

Wenn auch der erste Eindruck von Zoppot für uns niederschmetternd war, so machten Onkel Heini und Tante Emmy, bei denen wir jetzt wohnen, alles wieder wett. Sie sind herzensgute Menschen, bei denen wir uns sofort wohl fühlen. Onkel Heini ist ein ganz fideles Haus, der immer einen Hasenfuß in der Tasche hat und dem die Faxen nie ausgehen. Er selbst sieht schon sehr komisch aus: Eine lange dünne Figur, bei der alles zu lang geraten ist, die Arme, die Hände, die Nase, nur die Hosenbeine, die sind immer zu kurz. Sein Steckenpferd ist das Fotografieren. Eine kleine Dunkelkammer hat er sich auf dem Klo eingerichtet, mit rotem und grünem Licht an der Tür. Wenn einer von uns ein dringendes Geschäft zu machen hat und das rote Licht brennt, dann bleibt das Örtchen verschlossen wie eine Auster. Im Geschwindschritt wird dann der Nachbar aufgesucht, der diese Notfälle schon kennt.

Tante Emmys Leidenschaft ist das Kochen und Backen, und das sieht man ihrer Figur deutlich an, sie platzt aus allen Nähten. Ihre kurzen, stämmigen Arme sehen wie die verkehrtherum eingesetzten Gliedmaßen eines Teddybären aus. Weil die Seeluft sehr hungrig macht, wird in uns ununterbrochen Nahrhaftes hineingeschoben.

Gleich groß ist bei beiden ihre Abneigung gegen die Nazis. Sie sind Mitglieder einer Sekte, welcher, weiß ich nicht. Sie baten uns darum, nicht mit anderen darüber zu sprechen, daß sie sich jeden Freitag beim Nachbarn mit noch anderen Leuten treffen. Nicht durch lautes Schimpfen zeigen sie ihre Verachtung, sondern durch maßlose Übertreibung. Alles, was mit dem Dritten Reich zu tun hat, wird durch Überzeichnung lächerlich gemacht. Wenn unsere kleine Christel ihren Griesbrei nicht essen will, wird ihr damit gedroht, daß sie nicht zur Waffen-SS oder zur Leibstandarte dürfe. Ist mal ein Loch in der Hose, wird scharf gefragt, ob das der Führer weiß. Beim deutschen Gruß, Onkel Heini grüßt oft und laut, besonders dort, wo es überhaupt nicht angebracht ist, vorwiegend im öffentlichen Herrenklo, reißt er seinen rechten Arm derart in die Höhe, daß der Begrüßte erschrocken zur Seite springt. Sein fröhliches, immer viel zu lautes »Heitler« geht ihm wie geschmiert von den Lippen. Einmal fiel ein SA-Mann in voller Montur in ein Bauloch vor unserem Haus, Onkel Heini saust auf die Straße, baute sich vor dem Gestürzten auf, haute die Hacken zusammen und rief: »Heitler!«

Wir wohnen in einem kleinen Haus, das direkt am Strand liegt. Den ganzen Tag spielen wir am Wasser, baden in der Ostsee, strolchen in der Gegend herum, machen den Seesteg unsicher, sind braun wie die Piraten und fühlen uns auch so. Richtiges Zeug kennen wir schon gar nicht mehr.

Nur an den Sonntagen ziehen wir uns richtig an, wenn die ganze Familie nach Danzig, Oliva oder Gotenhafen fährt. Manchmal suchen wir aber auch Bernstein an der Steilküste, leider immer vergebens.

Der Ernst des Lebens beginnt wieder, die großen Ferien sind vorbei, und die Schule öffnet ihre Pforten. Mein neuer Klassenlehrer heißt Spitzer, er hat eisgraue Löckchen und kalte Augen, ist Parteimitglied und so um die sechzig. Ein Magenleiden und der verlorene Erste Weltkrieg, von dem er jeden Tag erzählt, haben ihn gelb im Gesicht und böse im Herzen gemacht. Schon am ersten Tag falle ich bei ihm unangenehm auf. Als Spitzer die Klasse betritt, springen alle Schüler wie an der Schnur gezogen auf, und der Klassensprecher macht zackig seine Meldung. Nur ich bleibe einfach sitzen. »Holla, was ist denn das?« Langsam kommt er auf mich zu: »Hast du was am Bein?« Ich weiß überhaupt nicht, was er meint und was er will. Stotternd sage ich: »Nnneein«. Spitzer wendet sich zur Klasse und meint, dabei ganz witzig zu sein: »Der da hat bestimmt was am Kopf.« Na, das ist ja ein schöner Einstand für mich. Was Lehrer Spitzer nicht weiß: In Hamburg ist das Aufstehen, wenn ein Lehrer den Raum betritt, nicht üblich, und alle Schulsachen, vom Radiergummi bis zum großen Weltatlas, bekommen wir umsonst. Als nun alle Schüler ihre Lesebücher, Hefte und Bleistifte auspakken und ich mit leeren Händen dasitze, geht wieder ein Gemurmel durch die Bankreihen. Und als ich nun auch noch die Geschichte von den Gratisschulsachen erzähle, ist der Ofen ganz aus. Spitzer will sich totlachen, so einen Schmarren hat er noch nie gehört. Umsonst, zum piepen! Es ist ja eine Frechheit, was ihm dieser Hamburger Junge aufbinden will!

Mit den Schülern der neuen Klasse, auf der einen Seite sitzen die Mädchen, auf der anderen die Jungen, freunde ich mich schnell an, denn sie wollen alle viel von Hamburg, vom Hafen und von den Fliegerangriffen wissen. Und da konnte ich ja viel erzählen, somit bin ich bald der Mittelpunkt. Neben mir sitzt Felix, »Der Glückliche«, wie er mir mit Stolz seinen Namen übersetzt. Wenn wir nach Hause gehen, möchte er manchmal mit mir »Polackenärgern« spielen. Er geht dann auf dem Fußweg so dicht an einen Passanten, den man unschwer an seiner Kleidung als Polen erkennen kann, heran, daß dieser auf die Fahrbahn ausweichen muß. Ich finde das Spiel kindisch, und Felix gesteht mir, daß er es auch nicht so toll findet, aber er hat es von seinem Vater gesehen, der das auch immer macht.

Wenn auch der Kontakt mit den Kindern in der Klasse prima ist, mit dem Lehrer wird's immer ärger. Ich liege nun völlig quer. Was ich auch mache, ich mache alles falsch, und Spitzer wacht mit Argusaugen über mich, daß er ja auch alles mitkriegt. Mal habe ich falsch gegrüßt, mal zu laut, mal zu leise gesprochen, mal bin ich aufgestanden, mal sitzengeblieben. Jede Stunde gibt es eine neue Überraschung. Ein Standardsatz von ihm ist geworden: »Woll'n wir doch mal sehn, was der Herr aus Hamburg heute wieder nicht weiß.« Meinen Vornamen kennt er überhaupt nicht. Was bei den anderen Schülern ein Nichts ist, ist bei mir eine Katastrophe. Was bei denen ein Fehler ist, sind bei mir gleich zwei, und wenn es irgend geht, macht der gütige Herr Spitzer drei daraus.

Eine nichtgeübte Arbeit soll über Friedrich den Großen geschrieben werden, hurra, jetzt werde ich es ihm zeigen. Denn in Hamburg hatten wir zuletzt das Leben des alten Fritz gründlich durchgenommen. Also los, was kann mir jetzt noch passieren! In Windeseile bin ich mit meinem Aufsatz fertig, als Erster. Am nächsten Morgen: Spitzer steht vorn am Pult, die gespreizte Hand auf dem Heftstapel. Er liest aus einem Notizbuch Namen vor, zuerst die Sechsen, dann die Fünfen, dann die Vieren, na bitte, diesmal bin ich nicht dabei. Es folgen noch ein paar Namen. Einige bekommen eine Drei, zwei eine Zwei, keiner eine Eins. Ende. Schon beim Verlesen der letzten Noten ist er ganz langsam den

Gang zwischen den Bänken auf mich zugekommen. »Und hier habe ich noch eine Arbeit...« Pause. »Die hat keine Fehler...« Längere Pause. »Kann sie ja auch gar nicht haben...« Eine ganz lange Pause »... weil sie abgeschrieben worden ist.« Damit nimmt er meine Arbeit und schmeißt sie auf den Tisch. Beim Weggehen sagt er noch: »Eine Sechs«.

Ich sitze auf dem Seesteg. Junge Soldaten und Offiziere schlendern vorbei, viele haben ein Mädchen am Arm. Aus der nahen Musikmuschel vor dem Spielkasino wehen Musikfetzen herüber, Barnabas von Gezy spielt zum Fünfuhrtee. Friede, Frohsinn, Eierkuchen – nur mir ist zum Heulen, ich glaube, heute gehe ich nicht nach Hause. »Was zum Teufel sitzt du hier herum und starrst Löcher in die Luft, hast du was?« Onkel Heini steht vor mir und streckt mir seine lange Nase entgegen. Wortlos zeige ich ihm das dumme Stück Papier, auf dem mit großen Buchstaben das Wort Zeugnis steht. Mit leicht zusammengekniffenen Augen liest er meinen Leistungsnachweis. Als er noch beim Lesen ist, fange ich schon zu erzählen an. Ich erzähle ihm vom Lehrer Spitzer, von dessen Ungerechtigkeiten, von der verletzenden Ironie und seiner lauernden Falschheit. Onkel Heini hört schweigend, doch aufmerksam zu, so wie ich ihn sonst gar nicht kenne, dazu faltet er das Stück Papier einmal hin und einmal her, einmal kreuz und einmal quer. Als ich mit meinem Bericht fertig bin und mir die Tränen aus den Augen gewischt habe, hat er aus dem häßlichen Zettel ein schmuckes Schiffchen gebastelt. Er nimmt es vorsichtig in seine großen Hände und setzt es behutsam in das Wasser der blauen Ostsee, dazu singt er laut und unmusikalisch: »... denn wir fahren, denn wir fahren, denn wir fahren gegen Engeland, Engeland«.

Das 6. Kapitel

erzählt vom Leben in einer Pimpfenkaserne und von dem Tag, an dem ich nicht mehr an den Endsieg glaube

»Die Morgenfrühe, das ist unsere Zeit, wenn die Winde um die Berge singen ...« Dünn wie Malzkaffee und schlaff wie die jungen Sänger versucht sich die Melodie an der Klostermauer etwas Echo zu verschaffen. 120 Jungen sind zum Morgenappell, Fahnenweihe genannt, im mährischen Kinder-Land-Verschickungs-(KLV)-Lager Holleschau, angetreten. Zwei Pimpfe ziehen langsam die Hakenkreuzfahne hoch. Alle anderen stehen stramm, die Hacken zusammengeschlagen, die Hände an der Hosennaht. Ab und zu hört man noch ein Wispern, unsere ewigen Plaudertaschen tauschen noch schnell die neuesten Neuigkeiten aus. Manche Knaben, besonders die im letzten Glied, singen nicht mit. Durch langes Training ist es ihnen gelungen, stehend, mit offenen Augen, aber noch im tiefsten Schlaf, die tonlosen Lippen zu bewegen.

Ich stehe mit noch sieben anderen Jungen extra drei Meter vor der Front der angetretenene Pimpfe. Wir werden neugierig gemustert, was mit uns wohl ist, was wir wohl ausgefressen haben? Aus den Gesichtern der

Schüler

Mit meiner Nichte Christel vor der Abreise ins KLV-Lager, 1944

Führer können die Angetretenen auch nichts entnehmen, sauer und stur starren die auf einen fiktiven Punkt im Gelände. Der Lagermannschaftsführer, er ist achtzehn Jahre alt und einen Kopf größer als wir, zeigt offen seine Verachtung, Verachtung für diese Horde von Hampelmännern, die er befehlen soll. In Gedanken sieht er sich schon im bunten Tarnanzug der SS-Division »Hitlerjugend«, zu der er sich bereits vor Wochen, als er diesen Kindergarten übernahm, freiwillig gemeldet hatte. Unseren Lagerleiter Herrn Schmidt bemerkt man überhaupt nicht, er ist so unauffällig wie sein Name. Er trägt keine Uniform, und ein Parteiabzeichen sucht man bei ihm vergebens. Nur 1,60 ist er groß, und er hat wenige, dafür aber sehr sorgfältig gekämmte Streichholzhaare. Seine freundlichen Augen werden von einer zarten Goldbrille umrahmt. Heute versuchen diese netten Augen streng zu schauen, es bleibt aber nur beim Versuch.

Nachdem die letzte Strophe des Morgenliedes verklungen ist, stellt sich der kleine Mann in Positur, zupft an seiner Fliege, holt ein- oder zweimal tief Luft und beginnt mit leiser Stimme eine Rede, die mehr eine Unterhaltung als eine Strafpredigt ist, die sie sein sollte. Man sieht direkt dem zackigen Lagermannschaftsführer sein Unbehagen an, ihm sind die lauwarmen Worte viel zu lasch, typisch Zivilist, denen würde er seine Meinung schon geigen, diesen Pfeifen. Mehrfach fallen von Herrn Schmidt Worte, wie: Disziplinlosigkeit, grober Unfug, fahrlässiger Leichtsinn.

Was ist nun der Grund dieser Strafpredigt? Wir wohnen schon seit einiger Zeit in einem tschechischen Nonnenkloster, das wie eine Mischung aus Fabrik und Lyzeum aussieht. Vor dem Haus halten zwei riesige Männer Wache, sie sind nackt und aus Stein, mit verzerrten Gesichtern tragen sie auf ihren Schultern die Erdkugel. Die Nonnen in ihren gelben Gewändern und großen

Flügelhauben flattern wie Schmetterlinge durchs Haus. Wir bemerken sie überhaupt nicht. Unsere Zimmer sind groß und viereckig und haben Eisenstäbe vor den Fenstern. Mein Zimmer liegt im zweiten Stock, mit weitem Blick in den Klostergarten, wo Äpfel, Birnen, Pflaumen und Pfirsiche in Hülle und Fülle wachsen. Zu gern würden wir auch mal so einen kernigen Apfel oder so eine saftige Birne verspeisen, aber für uns gab's immer nur Sirup. Günther, der mit dem »th« trällert: »Klaun, klaun, Äppel wüllt wie klaun, ruck-zuck öbern Zaun...« – »Mensch, was singst du denn da?« – »Kennt ihr das nicht?« – »Klar, aber du bringst uns auf eine tolle Idee.« In der nächsten dunklen Nacht wollen wir einen Ausflug wagen. Aus Tarngründen wird die dunkle Winteruniform angezogen, das schwarze Dreieckstuch vor die Nase gebunden, so wie wir's im letzten Wild-West-Film gesehen haben, und die leisen Turnschuhe übergestreift. Durch das Lokusfenster im Parterre verlassen wir das Haus.

Was wir natürlich nicht wissen können: Der Widerstand der Tschechen gegen die Deutschen wird ständig stärker. Flugzeuge aus England setzen Nacht für Nacht Menschen und Material für die Partisanen ab, die sich in den Bergen versteckt haben. Von diesen Einsätzen erfährt Polizei oder Wehrmacht wenig oder nichts. Wenn sie ausschwärmen, um Agenten und Saboteure zu fangen, sind diese bereits lange entwischt.

Kurz nachdem wir das Haus verlassen haben, erschallen plötzlich Befehle, Scheinwerfer blenden auf, grobe Fäuste packen uns, schmeißen uns zu Boden, ich bekomme einen Schlag in den Magen, daß mir schlecht wird. Neben mir schreit einer: »Dumme Sau.« – »Halt, um Gottes willen, nicht schießen, das sind die dummen Jungs aus dem Lager!« schreit einer aufgeregt. Der ganze Garten wimmelt von Polizei und Soldaten, dazwischen, mit angstschlotternden Knien, stehen wir.

Als Herr Schmidt dem ersten das Halstuch vom Gesicht reißt und ihn erkennt, bekommt er einen Wutanfall, er weint wie ein kleines Kind und tobt wie ein Verrückter. Mehrmals schreit er was von Erschießen. Ein Soldat nimmt ihn sacht in den Arm und führt ihn auf sein Zimmer. Zur Strafe müssen wir vier Wochen Stubendienst machen, dürfen nicht mit ins Kino und bekommen vier Wochen keinen Pudding.

Meine Eltern hatten inzwischen auf der Uhlenhorst eine Wohnung bekommen. Die Besitzer waren nach Thüringen geflüchtet, jetzt waren meine Eltern Untermieter bei Leuten, die sie überhaupt nicht kannten. Die neue Bleibe war in einem erbarmungswürdigen Zustand. Alle Fenster waren kaputt, die Türen hingen windschief in den Angeln, die Wände waren zerborsten. Vater sagte: »Jetzt sind wir durchgehend geöffnet.« Trotz alledem, man konnte darin wohnen. Man war allein, man konnte sein eigenes Süppchen kochen und war nicht mehr auf die Gulaschkanone angewiesen.

Als alles notdürftig hergerichtet war: Pappe vor den Fenstern, die Ritzen mit Papier ausgestopft und noch andere Kleinigkeiten behoben, schrieben uns unsere Eltern nach Zoppot: »Sofort kommen!!!« (Mit drei Ausrufungszeichen). Die Kinder sollten auf keinen Fall in der kalten Heimat dahinten bei den Russen verkommen. Und wir kamen auch sofort, denn packen brauchten wir nicht, wir hatten ja nichts. Nur unsere Christel saß stolz in einer neuen Kinderkarre.

Seit den Bombenangriffen sind in Hamburg die Schulen geschlossen, sie werden als Krankenhäuser, Notquartiere und Bürostuben gebraucht. Ein Traum für uns Kinder. Unser Spielplatz sind jetzt die Trümmerberge. Trotz strengstem Verbot turnen wir in ausgebrannten Ruinen herum, spielen Kriegen in zerstörten Treppenhäusern und Dachböden. Manchmal werden

Kinder durch einstürzende Häuser verletzt und getötet. Wir entdecken verschüttete Keller und Lagerräume. Wir sammeln Bomben- und Granatsplitter, einen hohen Tauschwert haben die kupfernen Führungsringe der Flakgranaten. Nachts sitzen wir in einem Röhrenbunker, der so eng ist, daß er einem den Atem nimmt. Endlich, im Dezember 1943, bekommt Lore vom Roten Kreuz die Nachricht, daß mein Bruder Heinz in amerikanischer Gefangenschaft in Texas ist.

So gammel ich den ganzen Winter zwischen Trümmern und Tristesse herum, bis meine Eltern sagen: »So geht's nicht weiter, Junge du mußt was lernen, egal wo, wir melden dich für das nächste KLV-Lager an.«

Eine H.J.-Uniform habe ich inzwischen auch bekommen. Sogar ganz komplett für Sommer und Winter, mit allen Dingen, die dazugehören: Tornister, Brotbeutel, Feldflasche und Fahrtenmesser, auf der Schneide des Messers steht »Blut und Ehre«. Jetzt brauche ich mich als Nichtuniformierter beim Jungvolk auch nicht mehr im Mittelglied zu verstecken, jetzt darf ich sogar schon manchmal ganz vorn mitmarschieren. Wir marschieren im Stadtpark am Wasserturm oder auch beim Borstler Jäger. Einmal, bei einem Ausmarsch in Wohldorf, hatten wir uns restlos verlaufen, wir tigerten immer im Kreis herum, der Fähnleinführer war schon ganz fertig, da hat uns der kleine Berghusen, der immer eine Rotznase hat und jedesmal beim Dienst auffällt, zum Bahnhof geführt. Jetzt soll er bald Hordenführer werden, seine Rotznase hat er aber immer noch. Sonst basteln wir beim Heimabend aus alten Wäscheklammern Flugzeuge, oder der Jungzugführer liest mit verstellter Stimme aus dem Buch »Der Hitlerjunge Quex« vor.

Jetzt habe ich mich nach Böhmen und Mähren abgemeldet. Der Fähnleinführer gibt mir noch einen stahlharten Blick, einen kräftigen Händedruck und den Winkel eines Hordenführers mit auf die Reise.

Jedes Zimmer, im KLV-Lager sagt man Stube dazu, ist mit acht Jugendgenossen belegt. Die Betten stehen zu zweit übereinander, sie sind mit einem selbstgestopften Strohsack gefüllt und quietschen ganz entsetzlich, wenn einer sich darauf bewegt. Hat man nun das Pech, einen besonders unruhigen Obermann zu haben, kann es vorkommen, und das ist gar nicht selten, daß dieser abstürzt und mit Sack und Bettzeug auf seinem Untermann landet. Dann gibt es ein großes Hallo, die ganze Stube ist wach und die Nachtruhe beendet. Jeder Jugendgenosse hat auch einen Minikleiderschrank, der Spind heißt. Darin liegen alle Sachen, die man besitzt. Die Wäsche liegt fein säuberlich, auf Fahrtenmesserbreite zusammengelegt, übereinander. Das Spind wird auch nicht abgeschlossen, denn ein deutscher Junge klaut nicht. Die Stubenwände sind bunt bemalt worden, sie sehen wie große Seiten aus dem Geschichtsbuch aus. Da schaut der große Friedrich nun sorgenvoll auf uns herunter, der Fürst von Bismarck hat für uns auch kein Lächeln übrig und Feldmarschall Rommel zeigt mit seinem Arm dahin, wo bei uns der Waschraum ist. Auf anderen Bildern können wir Germanen bewundern, die den Limes besteigen, Preußen, die Bajonette in Franzosenbäuche pieken, deutsche Panzer, die unter Palmen eine kurze Rast machen, und einen Matrosen, der eine Fahne aus dem Wasser hält statt zu schwimmen. In dem Zimmer mit dem Matrosen sind die Bettnässer des Lagers untergebracht.

Die Trillerpfeife bestimmt jetzt unseren Tagesablauf. Einmal pfeifen bedeutet: Fertigmachen; zwei Pfiffe: Sammeln auf dem Hof; und dreimal pfeifen: Alarm! Bei Alarm müssen wir sofort auf dem Hof antreten. Dort erfahren wir dann ganz wichtige Dinge, wie zum Beispiel, daß morgen die kaputten Schuhe eingesammelt werden oder daß zum nächsten Wochenende ein Kasperletheater kommen soll. Herr Schmidt sagt allerdings die Marionettenbühne vom Gau Nordmark dazu. Wenn die Marionettenbühne nicht kommen kann, soll ein Ritterkreuzträger der Luftwaffe dafür einspringen.

Um sieben Uhr morgens wird geweckt, selbstverständlich mit der Pfeife. Im Schweinsgalopp wird sich gewaschen, Zähne geputzt und die Haare gekämmt. Danach wird mit einem Reisigbesen gefegt, besser gesagt: ordentlich Staub aufgewirbelt, der anschließend mit einem Tuch wieder gleichmäßig verteilt wird. Das Bett wird nicht gemacht, das machen nur Privatersonen, ein Bett wird »gebaut«. Die Hauptsache ist, daß alle vier Zipfel des karierten Bettuches schön stramm gezogen werden, daß die Oberfläche glatt wie ein Kinderpopo ist. Eine Viertelstunde später stehen wir auf dem Hof zum Morgenappell. Ein Junge sagt einen tollen Spruch vom Führer auf, ein Lied wird gesungen und die Fahne, die mehr als der Tod wert ist, hochgezogen. Etwas später trinken wir Kaffee im Speisesaal. Kaffee gibt es nicht, sondern nur Pfefferminztee, dazu zwei Scheiben Brot mit Sirup, den Sirup kann man nicht mehr sehen, der ist schon weggesickert. Nach dem Kaffeetrinken ist Stubenabnahme. Der LMF, der Lagermannschaftsführer, geht mit seinen Unterführern, die ihn wie aufgeregte Dackel umkreisen, von Stube zu Stube.

Da ich Hordenführer bin, das ist so eine Art Gefreiter bei den Pimpfen, bin ich auch automatisch Stubenführer. Stubenführer heißt im Lager auch anders, nämlich: Stubenältester, auch wenn er der Jüngste auf der Bude ist. Als Stubenältester hat man ein ekelhaftes Zwitterdasein, nicht ganz Freund und nicht ganz Feind, man bekommt von oben und von unten Ärger.

Wenn der LMF unsere Stube betritt, stehe ich an der Tür und schreie: »Achtung!« Alle stehen stramm, wie die Zinnsoldaten, nur Klaus, mit »K« popelt in der Nase. »Mensch, kannst du diesem Weihnachtsmann sein Nasebohren nicht abgewöhnen, du Heini?« Das

Das ist Holleschau. Hinter der Kirche liegt das KLV-Lager

war der erste Anschiß. Danach werden Betten und Spinde in Augenschein genommen, Zahnbürsten, Kämme und Stiefel auf eventuellen Dreck untersucht und im ganzen Zimmer nach Staub gefahndet. Wenn irgend etwas nicht den Beifall des Halbgotts in kurzen Hosen findet, oder wenn er auch nur schlechte Laune hat, schmeißt er den ganzen Krempel auf den Boden, und der arme Jugendgenosse muß in affenartiger Geschwindigkeit seine sieben Zwetschgen wieder in Ordnung bringen. Kurze Zeit später marschiert die ganze Lagermannschaft, geordnet in vier Jungzüge, mit einem lauten Lied durch den noch nicht ausgeschlafenen Ort. Jeden Morgen beim »Oh, du schöhöhöhner Wehehehesterwald...« kommt Karl-Heinz Dreier zum Zuge, dann darf er zwischen »Westerwald« und »über deinen Höhen pfeift...« im Zwischenrhythmus »Eukalyptusbonbon« brüllen. Da ist er mächtig stolz drauf. Im Realgymnasium drücken wir für einige Stunden die Schulbank, in dieser entmilitarisierten Zone hat nun Herr Schmidt das Kommando, jetzt ist er in seinem Element. Sein Unterricht ist locker und bringt viel Spaß. Die Klasse macht mit, richtig gute und richtig schlechte Schüler haben wir nicht. Nach der Schule geht's wieder mit den »Blauen Dragonern«, die mit viel Radau durch irgend ein Tor ziehen, zurück in die Pimpfenkaserne.

Auch vom Marschieren kann ich ein Lied singen, denn so einfach, wie das aussieht, ist das gar nicht. Gleichschritt mit sperrigen Holzsandalen zu halten, die hinten nur mit dünnen Bändchen zusammengebunden sind, ist schon eine Kunst, die nicht jeder beherrscht. Ein leichter Tritt vom Hintermann auf die Haxen, und schon ist das Unglück da, die Bänder reißen, die Latschen haben keinen Halt mehr, lösen sich unkontrolliert vom Fuß und bleiben irgendwo liegen, nachfolgende Pimpfe stolpern darüber. Das Unfallopfer versucht nun, auf einem Bein hüpfend, seine Sandale wieder einzufangen. Der LMF flucht, denn die schöne Marschordnung ist im Arsch. Leute stehen am Straßenrand und lachen.

Mittagessen: Alle im Speisesaal fassen sich an den Händen, und einer von uns sagt einen Tischspruch: »Es schallt ein Ruf, wie Donnerhall, in Deutschland sind die Zwiebel all', doch Hermann Göring sagt vor kurzem, man kann auch ohne Zwiebel trefflich – leben, Mahlzeit!« Herr Schmidt linst ganz erstaunt, sagt aber nichts. Der LMF saust wie eine Rakete durch den Saal und zischt dem Tischspruchsprecher mit hochrotem Kopf zu: »Du meldest dich nachher bei mir, aber mit feldmarschmäßig gepacktem Affen, das wäre ja noch schöner . . du Blindgänger, du!«

Nach dem Essen zwei Stunden Bettruhe, mit absolutem Redeverbot. Mit keinem Freund quatschen, auch wenn man der Meinung ist, das wäre unbedingt wichtig – heißt hier im Lager Selbstdisziplin. Dieses Wort Selbstdisziplin wird bei uns ganz groß geschrieben. Einmal im Monat ist der Tag der Härte. An diesem Tag wird von morgens bis Sonnenuntergang nichts getrunken, auch wenn einen der Durst noch so quält. An ganz normalen Tagen denkt keiner daran, daß man überhaupt Durst kriegen könnte, aber an diesem Tag der Härte wacht man bereits am frühen Morgen mit einer trockenen Kehle auf und glaubt, daß man die Durststrecke bis zum späten Abend nie schaffen wird. Zum Schluß spinnt man direkt, unter dem Wort Fensterglas stellt man sich schon ein kühlendes Getränk vor. Ebenso gibt es einen Tag des Schweigens, an dem kein einziges Wort gesprochen werden darf. Schule und Kommandos natürlich ausgenommen, das wäre ja noch schöner. Dieser Tag ist das Härteste überhaupt. Durch das ewige Zusammenpressen der Lippen bekommt man ein richtig verkrampftes Mienenspiel und am nächsten Tag einen Muskelkater im Gesicht. Nachmittags ziehen wir ins Grüne und spielen Trapper und Indianer, auf dem Dienstplan stand dafür: Vormilitärische Ausbildung im Gelände. Wenn schlechtes Wetter ist, bleiben wir im Lager, dann wird eine Putz- und Flickstunde angesetzt. Mit Nadel und Faden sollen dann ungeschickte Knabenhände Löcher dichten und Knöpfe annähen. Aber dies bleibt nur beim Versuch, einige von uns haben die Ärmel ihrer Braunhemden aus Versehen abgeschnitten, andere dagegen wollten aus ihren Sokken die Löcher herausschneiden. Wir haben nun Wäschenummern bekommen, ich die 28, die Flickarbeiten übernehmen jetzt die Frauen der deutschen Ortsgruppe.

Mit dem Lied »Ade nun zur guten Nacht« ist ein Lagertag beendet. Nach einer kurzen Zeit liegt das Nonnenkloster dann so still und friedlich da, wie es sich für so ein frommes Haus auch gehört.

Wenn aber aus unerklärlichen Gründen ein Zimmer einem anderen den Krieg erklärt hat, dann kommt der »Heilige Geist«. Um dagegen gewappnet zu sein, wird die Stube zur Festung umgebaut. Als Bollwerke dienen ersteinmal viele übereinandergetürmte Stühle, dann werden »Tretminen« in Form von Wasserschüsseln ausgelegt und Wolldecken als Fangnetze aufgehängt. Zum Schluß werden noch aus Tarnungsgründen überall die elektrischen Birnen herausgedreht. In tiefer Dunkelheit, mit angehaltenem Atem, wird auf den Feind gewartet, der auch bald erscheint. Zuerst läuft der auch, wie von uns beabsichtigt, in das Stuhlverhau, das nach dieser Attacke mit lautem Getöse zusammenbricht, danach platscht er durch die Wasserminen und zuletzt bleibt sein Angriff in den Wolldecken hängen. Jetzt auf ihn mit Gebrüll: »Heil, der Sieg ist unser!« Leider ist es ein Scheißsieg. Herr Schmidt hat bei seinem abendlichen Rundgang merkwürdige Geräusche gehört und will der Sache auf den Grund gehen. Bei diesem Spähtrupp geht er in die Falle. Willi, der gleich neben der Tür schläft, kann sich das Lachen nicht verkneifen, es ist aber auch ein komisches Bild, ein pudelnasser Lehrer im Nachthemd, jedenfalls Willi bekommt furchtbar eine geschmiert, aber sonst passiert nichts. Schmidt'l geht am nächsten Tag, ohne ein einziges Wort zu erwähnen, zur Tagesordnung über.

Der kleine tschechische Ort, der nun zu unserer zweiten Heimat geworden ist, ist ein richtiges Kaff, wie man in Norddeutschland zu einem verschlafenen Dorf sagt. Es gibt hier nicht einmal ein Rathaus und keinen richtigen Marktplatz. Bahnhof, auch Fehlanzeige – wozu auch, die Eisenbahnstrecke führt ungefähr drei Kilometer am Ort vorbei. Die Schranke an der Landstraße ist ein beliebter Treffpunkt an Sonn- und Feiertagen, denn so kann man die große weite Welt sehen, die dort in Gestalt des Prag-Brünn-Express um 16.33 Uhr vorbeidonnert.

Der Mittelpunkt für die Jugend ist das Kino und für die Alten das türkische Dampfbad. Die Gassen sind krumm und schief, mit Katzenkopfsteinen gepflastert und ohne Fußwege. Manche Straßen sind auch nur aus Sand, die im Sommer grauenhaft stauben und im Frühjahr und Herbst wadenhoch verschlammt sind. Viele Dächer sind nur mit Gras gedeckt, und aus den Fenstern guckt überall die Armut raus. Genauso armselig wie ihre Häuser sind auch die Menschen, die an uns vorbeischleichen. Sie sehen uns nie, wir sind für sie überhaupt nicht da. Private Autos sieht man nicht. Den Transport übernehmen kleine struppige Pferdchen. Mit letzter Kraft ziehen sie große klobige Karren, die bis zum Rand mit Zuckerrüben beladen sind. Von der Zuckerrübe lebt die ganze Gegend. In der Erntezeit im Herbst liegt über dem ganzen Städtchen ein süßlichfauler Gestank vom Rübensaft.

Im »Protektorat Böhmen und Mähren« sind die Geschäfte wie leergefegt, es gibt überhaupt nichts zu kaufen. Trotzdem möchte ich irgendetwas erstehen, was ich meinen Eltern nach Hause schicken kann, damit sie sehen, daß ich an sie denke. Tschechisch kann ich nur ein einziges Wort: »Pitnávoda«, das heißt Trinkwasser, und das habe ich auf dem Bahnhof gelesen. Beim Einkauf wird mir das auch wenig nützen, denn die Tschechen sprechen prinzipiell kein deutsch. Trotzdem bringe ich eines Tages zwölf kleine Pakete mit ins Lager, in der Annahme, es ist Backpulver, denn so sehen die kleinen Pakete aus. »Was willst du denn mit dem Kuchenfärbemittel?« fragt mich unsere Krankenschwester.

Ja, was will ich mit dem Zeug? Nichts! Oder? Draußen ist gerade Regenzeit, es prasselt gegen die Scheiben, ganz in Gedanken das Fenster aufgemacht, eine Tüte aufgemacht, das Pulver aus dem Fenster in den Regen gepustet, der Regen verfärbt sich, wird purpurrot, eine neue Tüte, scharlachrot fließt nun der Regen zu Boden, noch eine Tüte und noch eine. Diese Farben sind wunderschön, ein zauberhafter roter Regenbogen. Auf der Straße vor dem Kloster ein Menschenauflauf, einige Frauen knien in der roten Brühe nieder, sie glauben an eine Erscheinung, an das Wunder von Holleschau.

Wolfgang, der ganz in der Ecke schläft, ist ein stiller blasser Junge mit großen Augen. Er ist im Gegensatz zu allen anderen immer adrett gekleidet, hat saubere Hemden an, in seiner Uniform sieht er aus wie zu Besuch. Wolfgang stottert stark. Durch dieses Leiden kapselt er sich völlig von der Gemeinschaft ab. Er will nicht, daß man über ihn lacht, wenn er ein Wort erst nach zwei- oder dreimaligem Anlauf über die Zunge bringt. Er ist ein netter Junge und wir alle wollen ihm helfen, seine Hemmungen zu überwinden. Der Anfang ist sehr schwer, denn Wolfgang will sich gar nicht helfen lassen, weil er Angst vor uns hat. Zuerst müssen wir ihn überhaupt ermuntern, mit uns zu reden. Später, als er schon Zutrauen gefaßt hat, kommt er auch von selbst zu uns, um uns seine kleinen Freuden und seine kleinen Wehwehchen mitzuteilen. Nach einem halben Jahr spricht er beinahe perfekt. Die sprachlichen Fortschritte machen ihn unendlich stolz, und wir freuen uns alle mit ihm.

Im Herbst sollen uns unsere Eltern besuchen. Große Freude und geschäftiges Treiben herrscht überall. Wolfgang ist der Zappeligste von allen: »Wenn meine Mutter hört, wie ich jetzt sprechen kann, Kinners, die kriegt die Tür nicht wieder zu.«

Die Eltern sind da. Meine Mutter steht ganz verlassen zwischen den vielen fremden Leuten, die mit dem Autobus angekommen sind. Ich möchte hinrennen und sie in die Arme nehmen, aber ich tue es nicht, weil die anderen über mich lachen würden. Mutter sieht sehr blaß aus, denn so eine lange Reise hat sie noch nie gemacht. Immer wieder mustert sie mich kritisch von oben bis unten: »Junge, bist du auch gesund? Ziehst du dich auch warm genug an? Du hustest ja.« Ich schleppe sie durchs ganze Lager, zeige ihr unsere wichtigsten Stellen, den Hang, den wir immer runterlaufen, den Bach, wo wir Kaulquappen fangen, und den Busch, wo ich meinen Flitzbogen versteckt habe. Mutter ist ganz benommen, mehrmals sagt sie: »Junge, du bist mir so fremd.« Als Mutter nach drei Tagen wieder mit den anderen Eltern abfährt, bin ich direkt ein bißchen froh, denn jetzt sagt keiner mehr: »Du hustest ja.«

Alle Kinder haben ihren Besuch gehabt, von dem sie noch tagelang erzählen, nur Wolfgang nicht. Seine Mutter schrieb ihm nach Wochen, die lange Reise wäre ihr viel zu anstrengend gewesen. Nun stottert Wolfgang noch stärker als vorher.

Sport wird ganz groß geschrieben. Wir sollen doch, wie gesagt, schnell wie Windhunde, zäh wie Leder und hart wie Kruppstahl werden. Willi ist unsere Sportskanone, er kann mit dem kleinen Schlagball über den ganzen Schulhof werfen, und an seiner Brust blinkt das DJL, das Deutsche Jugend-Leistungsabzeichen, auf das er sehr stolz ist und das er jeden Morgen putzt. Fünfundzwanzig Liegestützen kann er hintereinander drükken, manchmal schummelt er auch. Er ist ein Kopf größer als wir und hat auch schon einen ausgeprägten Adamsapfel, als erster ist er im Stimmbruch. Doch was bei Willi am meisten auffällt, ist seine sagenhafte »Robbe«, eine Haarpracht, um die wir ihn alle beneiden. Wie er es schafft, den pflichtmäßigen Frisörbesuch, bei dem uns die Haare auf Streichholzlänge abgekatzscht werden, zu umgehen, bleibt sein Geheimnis.

An den Hundstagen kühlen wir uns in einem kleinen Teich ab, der so flach ist, daß uns das Wasser nur sitzend bis zum Hals reicht. Umgeben ist das Gewässer mit einer zwei Meter hohen Böschung. Schon längere Zeit kennen viele Jungen diesen Badetip, nur unser Willi nicht, da er, während wir im Wasser planschten, sich mit der Stoppuhr auf der Aschenbahn befand. Seine Leibgarde, die ihn ständig umgab, spornte ihn zu immer größeren Leistungen an. An einem besonders heißen Tag steht Willi auch oben an der Böschung, wegen der besonders großen Hitze sind ihm alle Jubler davongelaufen. Ein Dutzend Knaben sitzen im Wasser und kühlen sich ab. »Hallo Leute, jetzt seht ihr einen Auerbach-Spezial! Es ist doch tief genug da unten?« Ein vielstimmiges Gejohle: »Klar, auerbache du man zu!« – Willi trägt nun seinen weithin leuchtenden Kopfverband wohl so lange, bis seine Lockenpracht, die der Arzt ihm abschnitt, als er die Kopfwunde nähte, nachgewachsen ist. Seitdem hat Willis riesiges Leistungsvermögen erheblich nachgelassen, er kann jetzt auch damit leben, daß er einmal Zweiter wird.

Günter, der mit nur »t«, hat keine Flöhe, sondern die Flöhe haben ihn. Sein Blut muß den kleinen Saugern wohl besonders schmecken, denn er ist über und über zerstochen, und sein Körper sieht wie ein Streußelkuchen aus. Durch das ständige Kratzen hat Günter überall Entzündungen bekommen und muß daher schnellstens ins Krankenhaus nach Prag. Er soll nicht allein auf die Reise gehen, ich soll ihn begleiten. Auf der langen Eisenbahnfahrt ist Günter sehr niedergeschlagen, denn die anderen Kameraden haben immer wieder erzählt, daß man ihm im Krankenhaus bestimmt einige Gliedmaßen abschneiden würde. Ständig fragt er mich, ob das wohl stimmen kann. Ich tröste ihn damit, daß das im Krankenhaus wohl nicht so schlimm werden würde. Ich habe ganz andere Gedanken im Kopf, ich freue mich auf die schöne Stadt Prag, die man auch die »goldene« nennt. Nachdem ich Günter im Krankenhaus abgegeben habe und auch die Empfangsschwester ihn wegen seiner Angst vor dem Abschneiden getröstet hat: »Nur die Haare und die Fingernägel schneiden wir ab«, gehe ich zur YMCA, dem großen Sammellager für durchreisende Pimpfe und Hitlerjungen in Prag, um mir ein Bett zu reservieren.

In dem riesigen Haus wimmelt es von kleinen und großen Jungen, alle möglichen Dialekte hört man dort durcheinander. Wo sie herkommen, sieht man an den kleinen schwarzen Dreiecken, die auf den Ärmeln der Braunhemden getragen werden, den Gebietsdreiecken. Nur mit einem Kompaß kommt man noch zurecht: Ost-Westfalen, West-Ostpreußen, Süd-Ostmark, bei mir steht Nord-Nordmark drauf. Drei Tage wohne ich hier, drei schöne Tage, um die Stadt Prag auf Schusters Rappen zu erobern. Die schönen alten malerischen Gäßchen auf der Kleinseite, den Hradchin, der sich hoch über der Moldau erhebt, die traumhafte Altstadt, mit Pulverturm und dem Altstädter Ring. So viel kann ich gar nicht sehen, was es da alles gibt. Als ich an meinem letzten Tag auf den Stufen des Nationalmuseums, auf dem Wenzelsplatz, Rast mache, kommt eine Figur über den Platz gradewegs auf mich zugewankt. Erstaunlich ist, daß der Mensch eine Uniform der deutschen Wehrmacht trägt. Er ist dreckig und zerissen, und je dichter er kommt, desto stärker ist seine Schnapsfahne zu riechen. »He, Kamerad, wie komm ich hier ganz schnell zum Puff?« lallt es holpernd über seine Lippen. Angeekelt wende ich mich ab. So ein Schwein! Der deutsche Soldat war in meinen Augen immer ein strahlender Sieger, eine Lichtfigur, ein Mann ohne Fehl und Tadel. Ich bin maßlos enttäuscht. Heute ist der 6. Juni 1944, die Engländer und Amerikaner sind in Frankreich gelandet.

Im Herbst wird unser Lager verlegt, wir ziehen von Mähren nach Böhmen, von den Beskiden an die Elbe, nach Bad Mscheno. Zuerst kann keiner diesen Namen richtig aussprechen. Diesmal ist unser Zuhause ein altes Hotel, mit einem Haupthaus und mehreren kleinen Pavillons. Hier sind die Wände auch nicht mit Helden bemalt, sondern mit Micky-Mäusen, es ist alles viel gemütlicher. Nur vier Jungen liegen auf einer Stube. Wie ein heller Tupfer liegt der Luftkurort Bad Mscheno mitten im jetzt farbigen Herbstwald. Aber so richtig einleben kann ich mich in dieser schönen Gegend nicht, denn ich bekomme Scharlach und muß ins Krankenhaus.

Das Krankenhaus ist restlos überfüllt, eine Hungertyphus-Epidemie fegt ganze Landstriche leer. Überall liegen halb verhungerte Menschen, auf Gängen und Fluren, Treppen und Badezimmern. Die Nonnen, die sie pflegen, können nur beten und Trost spenden, mehr nicht. Der Tod hält reiche Ernte. Da in jedem Bett zwei bis drei Kranke liegen, muß ich die erste Zeit mit einem alten Opa die Matratze teilen. Es ist schrecklich, der Alte stöhnt und wimmert, er hat hohes Fieber. Zwei Tage später kommt er in ein Einzelzimmer, und ich habe das Bett für mich allein. Kein Patient, kein Arzt und keine Schwester spricht mit mir deutsch. Sie sind nicht freundlich, aber auch nicht unfreundlich, sie sind gar nichts. Sie schauen durch mich durch, ich bin überhaupt nicht da. Da ich trotz meiner Krankheit nicht richtig krank bin, laufe ich oft durchs Haus und sehe in andere Zimmer in der Hoffnung, andere Deutsche zu treffen, aber ich finde keinen einzigen. Ich bin allein. Bei diesen Ausflügen sehe ich viel Elend, die Menschen sterben wie die Fliegen, es ist ganz normal, daß morgens ein Wagen vor der Zimmertür steht, der die Verstorbenen einsammelt. In meinem Zimmer sterben in kurzer Zeit drei, der älteste ist siebzehn Jahre alt. Ganz besonders traurig ist das Weihnachtsfest. Nirgends steht ein Tannenbaum, es sind für mich keine Geschenke da, nur um Mitternacht kommt ein Priester, der einem Sterbenden die letzte Ölung gibt. Ich habe nichts zum Zeichnen, nichts zum Lesen, nichts zum Basteln, nichts, überhaupt nichts. Ein langer Tag, ausgefüllt mit nichts, nimmt überhaupt kein Ende. Von diesen nie zu Ende gehenden Tagen muß ich 45 hierbleiben. Endlich, ich habe den Eindruck, schon Jahre hier zu liegen, werde ich als geheilt entlassen. Ich sage keinem »Auf Wiedersehen«.

Der einzige Zug, der einmal am Tag in Richtung Bad Mscheno fährt, ist schon weg. Was soll ich nun machen? Jetzt, Ende Januar, liegt der Schnee meterhoch, und 20 Kilometer zu Fuß schaffe ich nie. Trotzdem mache ich mich auf die Socken. Als es am Nachmittag schon dämmert, bin ich höchstens zwölf Kilometer vorangekommen. In einem winzigen Flecken treffe ich auf deutsche Soldaten, die dort in der Einöde Telefonleitungen reparieren. Sie machen große Augen, als sie mich sehen und sind ganz aus dem Häuschen, als ich ihnen erzähle, woher ich komme und wohin ich will. Die Soldaten machen ihrem Ärger Luft, indem sie auf meinen Lehrer schimpfen, der mich nicht abholen ließ. Auf das Krankenhaus, das mich so mir nichts, dir nichts, auf die Straße setzte, und auf die Partei, die kleine Kinder irgendwohin verfrachtete, ohne sich später um sie zu kümmern. Man gibt mir was zu essen und den ersten Schnaps meines Lebens. Aber nur als »Vorbeugung«, wie die lachenden Soldaten sagen. Ein Auto mit Fahrer wird besorgt, der mich in das Lager fährt. Als wir dort ankommen, gleicht das alte Hotel einer Geisterstadt im Wilden Westen, alle Häuser sind leer, irgendwo quietscht noch eine Tür, mit der der Wind spielt, und eine Katze streunt in den verlassenen Räumen. Das Lager ist leer, die Jungen sind mit ihren Lehrern schon wieder zu Hause in Hamburg, mich hat man schlichtweg bei der übereilten Abreise vergessen. Gott sei Dank ist der Soldat noch bei mir. Er treibt den tschechischen Hausmeister auf, der mir meine Sachen maulend herausgibt, die er zur Aufbewahrung hat. Eine Nacht schlafe ich noch bei der Gendarmerie, die mich am nächsten Morgen in einen Zug setzt, der mich in Richtung Deutschland bringen soll.

Oft muß ich in den nächsten Tagen umsteigen, ich sehe viele Bahnhöfe und viele Wartesäle. Manche Strecken sind durch Tiefflieger zerstört worden, und ich fahre zuweilen auch einige Etappen mit dem Lastwagen. Auf so einer Vagabundentour trifft man die unterschiedlichsten Menschen: »Sonne und solche«, Spielleute und Musikanten, Laute und Leise, Böse und Blöde. Zu hungern brauche ich nicht, denn jeder steckt mir was zu essen zu. Die schönste Fahrt ist die von Berlin nach Hamburg. Ich darf mit in der Ersten Klasse reisen, im Abteil ist es warm und bequem. Drei Offiziere sitzen mit mir zusammen, der erste hat nur ein Bein, der zweite hat das Ritterkreuz und der dritte ist duhn. Als ich endlich in Hamburg vor meinen Eltern stehen, können die vor Freude kein Wort herausbringen.

Das 7. Kapitel

erzählt vom Stift, der falsch grüßt, vom Druckhaus am Freihafen und von Vaters wichtigster Meldung

Es ist April 1945, der Krieg liegt in den letzten Zügen. Die englischen Panzer rollen durch die Lüneburger Heide, in Hannover tauscht man deutsche Kriegsauszeichnungen gegen englische Zigaretten, und auf Abschnitt A der Lebensmittelkarte gibt es kein Trockenei.

Auf dem Hinterhof der Großen Bleichen, umsäumt von hohen schwarzen Häusern, steht eine kleine Villa, das Hauptbüro der Firma Schacht & Westerich. Ich sitze auf dem äußersten Stuhlrand und warte auf meinen Auftritt. Der Chef der Firma hat den Wunsch, das jüngste Mitglied seines Hauses kennenzulernen. Eine Sekretärin läuft auf hohen Absätzen ruhelos durchs Büro. Sie sucht verschiedene Akten, klapp, klapp, klapp, sie sucht ihren Lippenstift, klapp, klapp, klapp, sie sucht Mitesser vor dem Spiegel. Endlich geht eine Schnarre und eine Geisterstimme befiehlt kurz und bündig: »Der Neue soll kommen!« Sofort stehe ich im Zimmer und mache mein freundlichstes Gesicht: »Guten Tag.« Der etwas dickliche Mann in den besten Jahren, der hinter dem Schreibtisch sitzt, federt hoch, sein

Lehrling

Mit den anderen »Stiften« vor dem Druckhaus am Freihafen, 1945

ohnehin schon rotes Gesicht wird noch röter, und er herrscht mich an: »Weiß du nicht, wie ein deutscher Junge grüßt? Deine Brüder stehen an der Front und halten auch für dich den Kopf mit hin. Es ist nicht zu glauben, unser Volk steht im größten Schicksalskampf aller Zeiten, und du kennst nicht einmal den Deutschen Gruß! Teuscher!«

Aus dem Nebenzimmer erscheint ein grauer Mann, es ist der Prokurist Teuscher. »Bringen Sie diesem Burschen bei, wie man bei uns in Deutschland immer noch grüßt! Ab!« – Der dicke Wurstfinger zeigt mir, wo die Tür ist. Zehn- oder zwölfmal wiederhole ich den Satz: »Heil Hitler, der Jugendgenosse Herbert Suhr möchte seine Lehre bei Ihnen beginnen.«

Im letzten Sommer, als ich noch im KLV-Lager war, wurden wir alle getestet, für welchen Beruf wir geeignet wären und wo unsere Neigungen hinpendelten. Wir mußten mit Bauklötzen spielen, Draht biegen, Zeichnungen anfertigen und Fragebögen ausfüllen. »Was willst du denn einmal werden, und wozu hast du Lust?« wurde ich gefragt. »Und hast du dir schon Gedanken über deine Zukunft gemacht?« – »O ja, ich zeichne gern, am liebsten Häuser, oder nein lieber Hunde, oder doch lieber Katzen, Pferde kann ich auch ganz gut.« – »So, zeichnen«, sagt die nette junge Frau, und dabei macht sie sich Notizen in einem Heft. »Zeichner als Beruf gibt es nicht, aber Grafiker kannst du werden, dann mußt du drei Jahre Schriftsetzer lernen.« – »Schriftsetzer, na auch gut.« – »Was machen wir aber, wenn wir in diesem Beruf keine Lehrstelle finden? Wofür hast du denn noch Interesse?« – »Also, Seemann, ja da hätte ich auch noch Lust zu, daß wäre was für mich. Da kann man die ganze Welt sehen, und Matrosenlieder hab ich auch sehr gern. Auch kann man das alles, was man sieht, schön malen.« – »Ist schon gut«, sagte die Beraterin lachend, »wir werden sehen, daß wir für dich das Richtige finden. Du und deine Eltern bekommen von uns Bescheid.« Danach unterhielten wir Jungs uns über unsere zukünftigen Berufe. Günter sollte genau wie sein Vater Klempner werden. Heinz freute sich auf seinen Malerberuf, und Otto war ganz stolz, daß er Autoschlosser werden sollte. Wolfgang schien im siebten Himmel zu sein, Bäcker, das war der Beruf, jeden Tag frische Brötchen, so viel man wollte, und Kuchen und Torten, in Gedanken leckte er schon die Kuchenformen aus, wunderbar. Fragte mich einer, war ich immer etwas verlegen, denn ich konnte mir unter meinem Beruf nichts vorstellen, deswegen setzte ich auch immer schnell hinzu: »Aber nur für kurze Zeit. Eigentlich will ich Zeichner werden.« Damit konnten die anderen mehr anfangen. Die Frau von der Berufsberatung hielt Wort, als ich nach Hamburg zurückkam, lagen schon zwei Karten für eventuelle Lehrstellen vor. Das Weltliche war also geregelt, nun kam das Kirchliche, die Konfirmation.

Von der Kirche und von christlichen Dingen wußte ich wenig. Natürlich konnte ich das Vaterunser beten, und natürlich wußte ich, daß ich evangelisch bin. Da wir aber in der Schule keinen Religionsunterricht hatten, war mir der Unterschied von Katholisch und Evangelisch nicht ganz klar, jedenfalls war evangelisch in Wien ganz schön schlimm. Nun wurde ich also Konfirmant. Was bedeutet das für mich? Man wird in die Welt der Erwachsenen aufgenommen. Jetzt schon? Das stimmt aber doch gar nicht, wir dürfen doch noch nicht rauchen, und ins Kino kommen wir auch nicht rein, wenn der Film nicht jugendfrei ist. Mit der Taufe komme ich ja noch zurecht, da wird das kleine Baby, wenn man ihm Wasser über den Kopf geschüttet hat, Mitglied der Glaubensgemeinschaft, aber beim Konfirmieren? Na ja, unser Pastor Brodmeier, der mich schon kennt, denn er hat mich doch getauft, wird mir die ganze Geschichte schon beibringen.

»Zuerst einmal, in Uniform kommt mir keiner zum Unterricht, ist das klar? Zweitens ›Heil Hitler‹ ist für den Führer und nicht für Gott, also richtet euch danach, ihr Heiden.« So fing die erste Unterrichsstunde an. Pastor Brodmeier, eine bleiche Gestalt mit spitzer Nase, gesundem Humor und einer kräftigen Stimme, zeigte uns in nur wenigen Wochen die allerunterste Stufe zum Aufgang in den Himmel. Am Palmsonntag 1945 wurde ich dann konfirmiert. Nein, ich sollte konfirmiert werden. Wir standen schon in Zweierreihen vor der Kirche, als es wieder Fliegeralarm gab, ein besonders schwerer Luftangriff. Ein Teil von Uhlenhorst und Hohenfelde wurde zerstört. Wir saßen den ganzen Tag im Bunker und konnten nicht einmal den Pferdebraten, den meine Mutter unter großen Mühen organisiert hatte, anschneiden. Das Abendmahl fiel deshalb aus, und meinen Einsegnungsspruch bekam ich mit der Post zugeschickt: »Sei getreu bis in den Tod ...«

Nun ist der Jugendgenosse Herbert der jüngste Stift bei Schacht & Westerich. Ich hätte auch bei der Firma Broscheck, dem Hamburger Fremdenblatt, anfangen können. Dort hat man die beste Lehrlingsabteilung des grafischen Gewerbes in Hamburg, statt dessen gehe ich aber zum Druckhaus am Freihafen, einer halbausgebombten Bruchbude. Und warum dieses? Mutter, als erfahrene Beraterin, erinnerte sich: Dort ließen doch die Herrschaften ihre feinen Drucksachen früher anfertigen, die Visitenkarten und Traueranzeigen, die Briefbögen und Rechnungen, auf edlem, kostbarem Papier. Der Junge soll nicht zur Zeitung, die ist bösartig und unseriös, außen hui und innen pfui. Heute wichtigtuerisch und morgen hängt das Machwerk auf dem Klo.

Herr Sens, der Druckereileiter, sagt, als er mich zum

erstenmal durch die Firma führt: »Wir können stolz darauf sein, daß wir in dieser großen Zeit leben. In dieser großen Zeit muß jeder wissen, wo sein Platz ist und wohin er gehört. Und in dieser großen Zeit muß jeder mit käftig anpacken, damit der Endsieg unser ist.« Ich packe auch kräftig mit an, leider oft am verkehrte Ende, und wo mein Platz ist, weiß ich auch nicht so recht, denn ich stehe überall im Wege.

Die Setzerei sieht wie ein altes Museum aus, es riecht nach Staub und Druckerfarbe. Zuerst habe ich den Eindruck, daß Altgeselle Gutenberg gleich aus dem Hintergrund hervortritt. Alte, kauzige Männer, die nur Plattdeutsch sprechen und, ähnlich wie Krankenwärter, merkwürdig gestreifte Kittel tragen, stehen an hohen Regalen. Nur selten heben sie ihre Köpfe, doch als ich mit einem lauten »Heil Hitler!« den Saal betrete, starren mich die Alten minutenlang schweigend an, bevor sie wieder in den Kasten starren. Nur Hein Möller sagt ziemlich laut: »Is de mall?« Mit ihren groben knochigen Fingern holen sie ungemein schnell und geschickt aus klitzekleinen Fächern winzige silbrig glänzende Stäbchen hervor, die sie Buchstaben nennen. In einem Winkeleisen, nein, ich meine Winkelhaken, sammeln sie diese Stäbchen, bis eine Zeile voll ist, wenn mehrere Zeilen im Winkelhaken sind, stülpen sie diese mit einem eleganten Schwups auf ein Bleitablett, das merkwürdigerweise Schiff heißt, das kommt wohl daher, weil das Druckhaus am Freihafen liegt.

Die Männer an den Kästen sind alle schon weit über das Rentenalter hinaus. Sie schimpfen auf Hitler und seine Partei, sind renitent gegenüber ihrem Chef und im übrigen gegen jedermann in Opposition. Ihre erste Frage an mich: »Is dien Vadder ok so een?« – »Nein mein Vater ist nicht in der Partei, der ist ein ganz normaler Maler.« – »So, denn is man good, hier kannst die hennsetten.« Und Hein Möller fügt noch listig hinzu:

»Ick gleuw, de ward een ganz düchdiger Setter.« – »Herr Möller, ich will aber doch Zeichner werden.« – »Teuw af mien Jung, dor wulln schon ganz annere wat anners warn.« Ich stehe zum erstenmal am Kasten und soll meinen ersten Satz machen. Wie sich das schon anhört, meinen ersten Satz machen, als wenn ich über was rüberspringen soll, es stimmt aber irgendwie, denn ich muß ja eine Hürde nehmen. Auf dem Schild vor dem Setzkasten steht: 10 Punkt Gensch-Antiqua – alles böhmische Dörfer für mich. Aus den vielen kleinen Kästchen werde ich nicht schlau. Ganz oben, nebeneinander in einer langen Reihe, liegen die großen Buchstaben, das kann ich noch begreifen, aber mit den kleinen, da wird's haarig, da gibt es keine Ordnung, jedenfalls für mich nicht, die liegen alle kunterbunt nebeneinander, wahrscheinlich wie der Erfinder Gutenberg sie damals um 1445 in den ersten Schriftkasten warf. Das kleine »e« neben dem »n«, irgendwo das »i«, und das »z« findet man überhaupt nicht. Ich schaue auf die gegenüberliegende Seite und sehe einen von den Alten, der mit einer sagenhaften Geschwindigkeit setzt, und das Tollste, der redet dabei auch noch mit seinem Nachbarn. Die Hände von den beiden sausen jedesmal in den Kasten und greifen dabei den richtigen Buchstaben, wie ein Adler, der aus großer Höhe eine Maus packt. Was ich bis jetzt fabriziert habe, kann ich nicht lesen. Als ich einen Spiegel zur Hilfe nehmen will, um mein Machwerk zu betrachten, bekomme ich eins auf die Finger gehauen. Nach einigen Stunden sind endlich ein paar Zeilen abgesetzt, meine Arme tun mir weh, und ich kann nicht mehr auf einem Fleck stehen. Als dann auf der Abziehnudel ein Abzug gemacht wird, erschrecke ich, denn mit den besten Willen kann ich nicht entziffern, was dort steht. Alles ist falsch. Ganze Teile stehen auf dem Kopf, Buchstaben stehen verdreht da und Wortzwischenräume fehlen. »Das lerne ich nie, das ist zu schwer«, stöhne ich. »Das Schwerste an unserem Beruf ist das Blei, mein Junge«, bemerkt einer grinsend aus der Ecke.

Zu meiner Lehrzeit gehört nicht nur das Setzen, nein, auch im Transportwesen werde ich ausgebildet. Wenn eilige Drucksachen zum Kunden geschafft werden sollen, wenn Papier von der Fabrik geholt wird oder wenn Druckfarbe fehlt, dann ruft man Herbert. Herbert holt dann die Schott'sche Karre, dieses Ungetüm mit den mannshohen Rädern, aus dem Verschlag und hängt sich in die Holme, wie eine Maus, die einen Bierwagen zieht.

Auch als Putzfrau werde ich gut beschäftigt. Jeden Morgen fege ich mit einem Reisigbesen in elegantem Schwung die ganze Setzerei. Sonnabends wird mit einem Eimer Wasser, einem Schrubber und sehr großer Eile der Dreck einer ganzen Woche gleichmäßig verteilt.

Wir haben jetzt zwei- bis dreimal am Tage Fliegeralarm. Die Anlegerinnen und die Frauen aus der Buchbinderei laufen dann wie die Irren in den Luftschutzraum unter dem Chilehaus. Unsere Setzer und Drucker gehen nur runter in den Papierkeller. »Lot de Wieber man lopen, ob uns dat hier oder annerswo dröppt, is doch Schietegol.« Wir Stifte, Paul, der Drucker, Achim aus der Buchbinderei und ich, sitzen oft noch auf der Treppe vor dem Haus in der Sonne, so lange bis es ballert haben wir ja noch Zeit, dann flitzen wir auch in den Keller zu unseren Gesellen. Heute haben wir das Brummen der Flieger überhört, das mag an unserem Paul gelegen haben, der zu laut darüber lamentierte, daß er wohl zum Endsieg zu spät käme. Zuerst bekommen wir einen Schlag vor die Brust, daß wir drei rückwärts ins Treppenhaus fliegen, danach ein Knirschen, Krachen und Poltern. Wie wir in den Keller kommen, wissen wir nicht. Staub und Dreck sind in den Keller gezogen. Das

Überall in Hamburg, so wie hier auf der Reeperbahn, sind in den letzten Kriegstagen Panzersperren gebaut worden

Licht ist aus. Auf der anderen Seite des Zollkanals ist die ganze Häuserzeile verschwunden. Balken und Mauersteine sind über das Wasser auf unsere Straßenseite geflogen. Das Pressehaus am Speersort brennt. Durch ein riesiges Loch im Pflaster der Mönckebergstraße kann man auf die Gleise der U-Bahn sehen. Auf dem Deichtormarkt liegen mehrere tote Pferde.

Ein amtlicher blauer Brief mit Dienstsiegel ist bei mir zu Hause angekommen. Es ist eine Vorladung zu einer vormilitärischen Musterung. Im letzten Stock der alten Volksfürsorge an der Alster melde ich mich. Ein SS-Soldat mit schwarzen Kragenspiegeln sieht sich meine Vorladung an und schickt mich in ein anderes Zimmer, wo wieder ein Soldat sitzt und mir sagt, daß ich mich ausziehen soll, nur die Turnhose darf ich anbehalten. Danach schickt er mich in ein Zimmer, wo schon acht Nackte sitzen. Einer nach dem anderen wird aufgerufen. Wir müssen an einen langen Tisch treten, hinter dem drei alte Männer sitzen, die über ihre Uniformen weiße Kittel gezogen haben. Einer von ihnen, er hat sehr kalte Hände, grabscht an mir herum, klopft hier, klopft da und ist mit seiner Klopferei und mit mir offenbar zufrieden. Als er fertig ist, bekomme ich einen sanften Schlag auf den Rücken. Beim Weggehen höre ich noch: »Das nächste Heldenkind, bitte!«

Auf der halbfertigen Panzersperre, die vor unserem Haus gebaut wird, singt ein Mann mit voller Kehle: »O sole mio.« Er hat eine bunte Feder am Hut und tut so, als stände er auf der Bühne der Mailänder Scala. Seine Zuhörer, die ihm aufmerksam lauschen, sind Mitgefangene, die trotz der Hitze lange schwere Militärmäntel tragen, vorübergehende Passanten, die sich einen Moment Zeit nehmen, und müde Wachtposten, die sich an ihren Gewehren festhalten. Die Gefangenen, die hier buddeln, sind Soldaten des italienischen Generals Badoglio, der erst mit, dann gegen Deutschland kämpfte.

Die Sperre hat unsere Straße nicht ganz geschlossen, ein kleiner Durchschlupf ist noch geblieben. Durch dieses enge Nadelöhr fädelt sich jetzt die Nachhut des verlorenen Krieges. Eine makabre Parade des letzten Aufgebotes: Abgerissene deutsche Soldaten, die einzeln und in Gruppen, mit und ohne ihre Waffen, vorbeiziehen. Flüchtlinge mit zu Boden gesenktem Blick und müdem Schritt treiben einer ungewissen Zukunft entgegen. Verwundete Invaliden, teilweise mit selbstgebastelten Krücken, asthmatische Volkssturmmänner quälen sich vorbei. Einige Hitlerjungen wollen mit ihren Panzerfäusten gegen den Strom marschieren, aber sie werden immer wieder zur Seite gedrängt. Eine lange Kolonne mit Frauen in KZ-Kleidern marschiert vorüber, sie werden bewacht von Aufseherinnen, die scharfe Hunde an ihrer Seite haben. Mit Hundepeitschen werden die Hälftlinge zur Eile angetrieben.

In diesen letzten Tagen des Tausendjährigen Reichs ist mein Vater auch noch zu den Fahnen »geeilt worden«. Er zog den bunten Rock des Volkssturmes an, bunter Rock ist die dümmste Bezeichnung für die Klamotten, die dem letzten Aufgebot verpaßt wurden. Es sind Wattejacken, russische Beutestücke, daher werden die alten Männer vom Volksmund auch Wattemännchen genannt.

Der Reichsdeutsche Rundfunk, Sender Hamburg, hat sich von der Bevölkerung verabschiedet: »Hamburg ist eine offene Stadt, sehen sie dem Einmarsch der Alliierten mit Ruhe und Besonnenheit entgegen. Auf Wiedersehen, meine lieben Hamburger und Hamburgerinnen.« Als letztes hört man im Radio noch das Weinen des Ansagers. Spät am selben Abend klingelt es bei uns. Wer mag das so spät noch sein? Vater steht mit seinem Drahtesel vor der Tür. »Der Melder Hermann Suhr meldet: Der Krieg ist aus!«

Das 8. Kapitel

erzählt vom Einmarsch der Engländer, von der Zigarettenwährung und vom Schlager, bei dem man Hunger bekommt

Über die Trümmerberge, die an der Straße aufgetürmt sind, huscht angstvoll ein Mann, im Gegenlicht der untergehenden Sonne erkennt man den Menschen schwer, halb Figur, halb Schatten. Wie er über die Trümmerberge hetzt, merkt man seine hündische Angst. So ängstlich wie jetzt war der Blockwart Kirchner nicht immer. Früher stand er breitbeinig, mit in die Seiten gestemmten Fäusten vor seinem Opfer. Er war ein Mini-Gott. Hatte ein armer Luftschutzsünder ein Spältchen Licht nach draußen in die Dunkelheit fallen lassen, so wurde er in übelster Form als Feindbegünstiger und Volksschädling beschimpft. Nun hüpft der Mitläufer Kirchner von Stein zu Stein, hat ein riesiges Hitlerbild unter dem Arm und sucht für seinen geliebten Führer einen ehrenvollen Platz. Auf der Straße rollen währenddessen ununterbrochen englische Fahrzeuge vorbei.

Britische und kanadische Truppen marschieren in Hamburg ein, es ist der 5. Mai 1945. Hamburg hat kapituliert und sich zur offenen Stadt erklärt. Wer mit der

Halbstarker

Auf der Gutenberg-Maskerade, 1948

Waffe in der Hand die Restheimat noch verteidigen will, soll vor den Toren der Stadt Stellung beziehen. Einige wenige Heißsporne, denen der Wehrwolf im Kopfe herumspukte und die den Spruch: »Ein Hundsfott, der jetzt den Führer verläßt« in ihren Kämpferherzen trugen, versuchten mit ihren Donnerbüchsen noch Krieg zu spielen – wie in Bergedorf, es wurde ein tödliches Spiel. Sie schossen wild in der Gegend herum und freuten sich, daß es knallte. Die Engländer, die dies Schießbudengeballere der Pimpfe überhaupt nicht komisch fanden, zogen sich zurück, brachten schwere Geschütze in Stellung und erwiderten das Feuer. So wurden noch drei Tag vor Kriegsende Menschen getötet und Häuser zerstört. Doch nicht überall wurde geschossen, Bergedorf blieb die Ausnahme. Ruhig und gefaßt wartete die Bevölkerung auf ihre Besatzer.

Diszipliniert und korrekt, mit einem Schuß englischer Unterkühltheit, marschieren die Eroberer ein. Über unserer Straße hängt ein völlig fremder Duft, an den sich unsere Nasen erst einmal gewöhnen müssen. Es ist der Geruch von Benzin, den die nicht endenwollenden Fahrzeugschlangen verströmen. Ununterbrochen kommen neue Autos, Jeeps und Mannschaftswagen, Kanonen und Panzer. Manche Panzer sind so groß, daß sie beinahe die Oberleitung der Straßenbahn berühren. Es ist ein nicht endenwollender Heerwurm. Auf den Fahrzeugen sitzen Soldaten in sauberen Uniformen und mit rosigen Gesichter. Für sie ist der Krieg in den letzten Wochen ein Spaziergang gewesen. Holiday in Germany. Mit breitem Grinsen fahren sie an uns vorbei. Sieger.

Im Garten der ehemaligen Ortsgruppe in der Schillerstraße hängt an einem Baum fein sauber auf einem Bügel die Uniform eines politischen Leiters, sogar die Mütze liegt auf einem Ast, und die geputzten Stiefel stehen darunter auf der Erde. Von weitem sieht es aus, als habe dort ein Nazi seinen Führer auf den letzten Weg begleitet und sich aufgehängt. Einige englische Soldaten stehen herum und geben uns zu verstehen, daß wir das gelbe Prachtkleid mit nach Hause nehmen sollten, um es schwarz zu färben. Aber keiner von uns traut sich. Überall sieht man Militärposten auf der Suche nach weißer Farbe für ihre Gamaschen und für ihr Koppelzeug. Da jetzt wieder Frieden für sie ist, dürfen sie auch wieder weiß tragen.

Millionen Menschen sind nun auf der Wanderschaft von Nord nach Süd von Ost nach West. Evakuierte kommen in ihre zerstörte Heimat zurück. Flüchtlinge aus Ost- und Westpreußen, aus Pommern, Mecklenburg, Thüringen und Sachsen suchen im Westen ein neues Zuhause. Es gibt keine Wohnungen, kein Dach über dem Kopf. In Nissenhütten, langgezogenen Wellblechhäuser, die wie liegende, halbaufgeschnittene Benzinfässer aussehen, sowie in Gartenlauben, in Kellern und in Baracken hausen jetzt die Menschen apathisch und abgekämpft in drangvoller Enge. Ihr einziges Ziel ist Überleben. Wo 1939 vier Leute lebten, müssen jetzt zehn Platz finden. In den Westzonen leben auch noch zusätzlich Millionen Fremdarbeiter, Opfer und Strandgut des Krieges. Viele können von ihnen nicht mehr in die alte Heimat zurückkehren.

Ich stehe mit meinem Onkel Hans in einer unendlich langen Menschenschlange. Die Schlange ist so lang, daß man den Anfang nur ahnen kann. Alle, die hier stehen, sind ehemalige Soldaten, die nicht ordnungsgemäß entlassen wurden, die sich entweder selbst entlassen haben oder einfach nach Hause gegangen sind. Nun hat die englische Militärregierung angeordnet, daß sich diese Leute in der Kunsthalle melden sollen, damit sie ihren Entlassungsstempel bekommen, denn nur mit diesem Stempel gibt es Lebensmittelkarten. Da die Deutschen gehorsam sind, kommen viele jetzt hierher, junge und alte. Ihnen allen ist aber nicht bekannt, daß hinter der Kunsthalle bereits Transporte zusammengestellt werden.

Jeder dritte oder vierte bekommt eine Freifahrt nach Frankreich oder Belgien in die Kohlengruben. Kurz bevor mein Onkel am Kopf der Schlange angelangt ist, wird er ganz unruhig und nervös, er nimmt mich bei der Hand und sagt: »Komm' mein Junge, die Anmeldung hat noch viel Zeit.«

Wer irgendwo ein freies Plätzchen hat, sei es ein Stück Rasen vor dem Haus oder ein abgetrenntes Stück in den öffentlichen Anlagen, das kleinste Stück Erde wird genutzt, um Kartoffeln oder Gemüse anzubauen. König ist der, der auf seinem Balkon ein Arbeiter-Schwein herumhoppeln hat. Otto Normalverbraucher bekommt 62,5 Gramm Fett, 1000 Gramm Brot, 100 Gramm Fleisch, 100 Gramm Nährmittel, 200 Gramm Kaffeersatz und 100 Gramm Zucker in der Woche zugeteilt.

Es gibt nichts ohne Bezugschein. Keine Hose und kein Hemd, kein Holz und keine Kohle, keine Fahrradbereifung und keine Gardine. Die Zeitungen waren sofort ausverkauft, denn man braucht das Papier dringend zum Einwickeln. Viele große und kleine Zettel sind an Bäumen und Mauerresten befestigt, es sind die öffentlichen Anzeigenseiten, die Angebot und Nachfrage regeln.

Überleben und Organisieren ist alles. Der schwarze Markt blüht. An verschiedenen Plätzen der Stadt versammeln sich alle möglichen Menschen, um Sachen zu tauschen oder zu verkaufen, es ist egal, ob die Dinge gebraucht werden oder nicht. Eine Frau mit hartem ostpreußischem Dialekt will den letzten silbernen Löffel ihres Bestecks, das sie noch aus der alten Heimat gerettet hat, gegen ein Brot eintauschen. Ein Halbstarker verkauft englische Zigaretten, das Stück für neun Mark.

Ein alter Mann ist bereit, sich von seiner Taschenuhr, die er schon fünfzig Jahre besitzt, zu trennen, nur damit er etwas Eßbares ergattert. Es werden Feuersteine gegen Fahrradschläuche, Butter gegen Benzin und Stiefel gegen Stoff getauscht. Alles gegen alles. Jeder geht langsam an jedem vorbei und murmelt dabei leise den Gegenstand, den er hat oder den er zu haben wünscht. Gauner und Betrüger liegen immer auf der Lauer, um ein harmloses Opfer, das sie zielsicher schon von weitem erkennen, aufs Kreuz zu legen. Mit falschem Geld werden echte Kunstwerke erschwindelt, Messing wird für Gold ausgegeben, und Gips wird als Puderzucker verkauft. Der Handel geht ruck-zuck über die Bühne, in einem dunklen Treppenflur werden die Partner schnell einig, doch bei Licht besehen bemerkt man, daß der Haderlump einem abgeknipste Fahrradspeichen statt Feuersteine angedreht hat. Wenn der Ruf »Polente« erschallt und die Schwarzhändlertrauben auseinanderstieben wie die Spatzen, wenn die Katz dazwischenfährt, dann werden manche von ihnen von der deutschen Polizei abgeführt, die anderen von den Rotkäppchen, wie die englische Militärpolizei wegen ihrer roten Mützen genannt wird. Eine kurze Zeit später, nach der Razzia, ist der Markt wieder der gleiche, murmelnde, sich aneinander vorbeischiebende Menschenhaufen wie vorher.

Das wichtigste Stück Papier, das es in diesen Tagen gibt, ist die Stammkarte. Die Stammkarte ist das Leben, auf ihr wird vom Arbeitgeber ein Stempel gedrückt, der beweist, daß man einer Arbeit nachgeht. Auf dieses Stück Papier bekommt man seine Lebensmittelkarten. Wer dieses kleine bunte Zettelchen zum Halbüberleben verliert, ist ein toter Mann.

Fünfzig Mark verdient ein Facharbeiter in der Woche, einen Hungerlohn. Als Lehrling bekomme ich 10 Reichsmark den ganzen Monat, so viel, daß man auf dem schwarzen Markt noch keine zwei Zigaretten dafür bekommt. Die Zigaretten haben ihren festen Marktwert, ist beinahe eine Währung, die Zigarettenwährung. Da sind zuerst die englischen und amerikanischen, das Stück zu neun Mark, dann die aktiven deutschen für sechs und zuletzt die aus Kippenresten gedrehten zu drei Mark. Es ist kein ungewöhnliches Bild, wenn ein englischer Soldat mit lässiger Handbewegung seine halbaufgerauchte Zigarette davonschnipst und sich erwachsene Männer darum raufen. Gut angezogene Herren sieht man, die mit Pinzette und selbstgenähtem Tabakbeutel die Aschenbecher in S- und U-Bahn sortieren. Würde wird jetzt ganz klein geschrieben.

Warum soll das Kraut, das sich Tabak nennt, eigentlich nur in Ägypten, Anatolien oder Virginia gedeihen, fragt sich Hans Dampf aus Germany und wird nun ganz schnell zum Hobby-Farmer. In Blumentöpfen und -kästen werden flugs Samen gesenkt und die keimenden Triebe mit Argusaugen beobachtet. Liebevoll werden sie sodann gehegt und gepflegt, vor böser Zugluft geschützt, immer schön in die Sonne gestellt und regelmäßig, nach einem genau ausgetüftelten Plan, begossen. Wie eine Mutter ihrem Sprößling liebevoll nur das Beste angedeihen läßt, so verhält sich jetzt der Mann mit seinen jungen Trieben. Sind die Blätter handgroß, besonders Ungeduldige nehmen als Größenvergleich Kinderhändchen, wird geerntet. Die kostbaren grünen Rauchwaren werden zum Trocknen auf eine Leine gezogen. Den Trockenvorgang spart mein Vater aus Zeitgründen ein. Er ist mehr für das Schnelle, für den Raucher-Express. Auf dem Küchenherd ist für diese Zwecke ab sofort immer eine Ecke frei, damit der Tabak eine schöne braune Farbe bekommt. In den Haushaltsgeschäften gibt es nichts, nur kleine Hackmesser kann man kaufen, die extra dazu dienen, die holzigen Stengel auch noch klein zu kriegen, damit diese besser in die Pfeife passen. Der Eigenbau hat den Namen »Bahnwärter«, weil man nach jedem Zug raus muß.

Tante Grete ist so fertig, daß sie vor unserer Wohnungstür zusammengebrochen ist, denn sie hat eine lange Reise hinter sich. Sie ist über die Grüne Grenze aus Mecklenburg gekommen. Dunkle Figuren haben sie bei Nacht und Nebel, auf Schleichwegen, für viel Geld, aus der Zone herüber geschmuggelt. Das war ein sehr gewagtes Unternehmen, denn die Flüchtlinge wissen nie, ob sie auch wirklich auf der anderen Seite heil ankommen. Menschen verschwinden einfach vom Erdboden, nur wegen ihrer letzten Habe werden sie ermordet. Die eingescharrten Toten werden nie entdeckt, keiner fragt nach ihnen, und die Mörder werden nicht gefaßt. Meiner Tante klauten sie nur die Koffer. Zuerst war sie außer sich vor Wut, später freute sie sich sogar darüber, weil sie ja nichts mehr zu tragen brauchte.

Stromsperren sind an der Tagesordnung. Jeden Tag, irgendwann, völlig willkürlich, wird für eine, zwei, drei oder noch mehr Stunden das Licht abgeschaltet. Wir sitzen dann im Dunkeln. Es ist wieder einmal der Brennstoff für das Elektrizitätswerk ausgegangen. In solchen Momenten hoffen viele, daß das Schauspielhaus an der Kirchenallee bald mal wieder den »Faust« im Kohlenpott aufführen möge; denn dann bekommen die staatlichen Schauspieler ein paar Güterzüge mit kostbaren schwarzen Diamanten für die frierenden Hanseaten als Honorar. Dieses Tauschgeschäft, Kohlen gegen Kultur, nennt sich Ruhrfestspiele.

Wenn also die Künstler nicht für Kohle gespielt hatten, sah es für uns schwarz aus. Das Licht erlosch, und der Ofen wurde kalt. Die Familie sitzt, in Decken eingehüllt, beim Schein einer schrecklich blakenden Eigenbaukerze und hört zu, was Vater heute wieder vorliest. Manchmal ist es das »Totenschiff« von Traven, dann Zolas »Totenschläger« oder Remarques »Im Westen nichts Neues«, aber auch Geschichten von Fritz Reuter in Plattdeutsch und Gedichte von Tucholsky und Erich Kästner.

Wenn die rußige Kerze mit ihrem flackernden Schein ein gespenstisches Licht verbreitet und mein Vater kaum im Dunkel der Stube zu sehen ist, wenn er mit verstellter Stimme vorliest und den Figuren in den Büchern Leben einhaucht, wenn er uns zum Weinen, Lachen oder zum Fürchten bringt, sind diese Stunden, trotz der Hoffnungslosigkeit und Kälte um uns herum, wunderschön.

Das Futter für unsere Stromsperren-Lesungen bekommen wir von der Leihbücherei Schröder. Die Leihbücherei Schröder ist in der Mozartstraße, kurz vor der Ecke zur Herderstraße, fünf Stufen nach unten in den Keller. Wenn man reinkommt, ertönt ein zartes Glöckchen, und Frau Schröder erscheint. Sie hat immer eine bunte Schürze um und kaut ununterbrochen auf irgendetwas. Einen Herrn Schröder gibt es nicht. Die Kellerfenster geben dem Raum nur wenig Licht, dafür kann man aber die Beine der draußen vorbeigehenden Leute bis zu den Knien sehen, wenn man sich die Bücher aus dem Regal herausnimmt. Auf dieser Seite, der Fensterseite, stehen daher auch nur die Bücher für die Erwachsenen; auf der anderen, der dunklen Seite, dürfen die jungen Leseratten stöbern, dort stehen Karl May und vor allem Emilio Salgari, den mag ich am liebsten. Karl Mays Winnetou ist mir zu edel. Alle Bücher sind in Zeitungspapier eingeschlagen und kosten 20 Pfennige Leihgebühr in der Woche. Einmal brachte ich von der Fensterseite Pitigrillis »Die Jungfrau von achtzehn Karat« mit nach Hause, am nächsten Tag mußte ich den nicht ganz jugendfreien Irrläufer wieder zu Schröders zurückbringen. Frau Schröder kaute, als sie das Buch wieder ins Regal stellte, mehr als sonst.

Ist mal keine Stromsperre, höre ich mit Begeisterung

Radio, am liebsten BFN, den englischen Soldatensender. Wenn die Boys keß, flott und locker ihre Musik ansagen, sind wir Halbstarken ganz hin. Nun hören wir ganz neue Melodien. Melodien, die uns fremd und doch gleichzeitig vertraut sind, Melodien, bei denen die Beine sofort außer Kontrolle geraten. Da wird mitgewippt, mitgewackelt und mitgesteppt. Einfach toll: Glen Miller, Tomy Dorsey, Harry James. Wenn die Andrew Sisters dreistimmig, zickig-exotisch »In The Mood«, »Rum And Coca Cola« oder den »Chatanooga Choochoo« trällern, gibt es kein Halten mehr. Höre ich Satchmo Armstrong, wie er seine Trompete bläst oder heiser aus dem Lautsprecher bellt, so kriege ich regelmäßig mit meinem Vater Ärger: »Stelle den Schiet ab, dat ist doch Negermusik!« Beim »Sentimental Journey«, wir nennen ihn den Hungerschlager, wegen seines Textes: »Komm wir machen eine kleine Reise, in ein Land wo's Weißbrot gibt«, sehe ich jedesmal im Brotschrank nach, ob sich nicht irgendwo eine Scheibe verkrümelt hat.

Nicht nur das Licht ist stundenlang ausgeschaltet, sondern auch der Strom für die Straßenbahn, die dann nicht fährt, oder wenn sie fährt, dann so unregelmäßig, daß sich kein Mensch auf sie verlassen kann. Jeden morgen, wenn ich um sechs in die Firma fahren muß, hoffe ich, daß diese Straßenbahn, Linie 18, kommt. Kommt sie wirklich um die Ecke geschaukelt, bin ich froh, daß ich den langen Weg in die Innenstadt nicht zu Fuß laufen muß. Die einsteigenden Fahrgäste benehmen sich wie verrückt. Rücksichtslos schlagen und stoßen sie um sich, jeder ist sich der Nächste, alte Menschen, kleine Kinder und Körperbehinderte werden brutal zur Seite gestoßen. Wie Trauben hängen sie an den fahrenden Zügen, klammern sich an Türen, kämpfen um ein winziges Plätzchen auf dem Trittbrett und stehen sogar auf den Kupplungen zwischen den Waggons. Jede Fahrt ist ein Spiel mit dem Tode, die Hauptsache ist, mitzukommen. Nach Fahrkarten fragt keiner, denn soviel Kraft hat kein Schaffner, sich durch die Massen durchzukämpfen.

Die Worte Stehlen oder Klauen gibt es nicht, ein neuer Begriff ist entstanden, ein Begriff aus der Landsersprache: Organisieren. Organisieren wird groß geschrieben, denn alles wird gebraucht, auch wenn man es nicht braucht. Wie alle anderen auch trägt mein Altgeselle Hein Möller stets und ständig einen Rucksack auf seinen Schultern, in dem er alles das verschwinden läßt, was er »findet«. Kohlköpfe und Steckrüben, die zufällig vor seine Füße rollen, Nägel, Draht oder alte Schrauben, die irgendwo abmontiert werden, Papier, Pappe oder Holz, das er als kostbares Brennmaterial nach Hause schleppt. Ist das Brennmaterial zu groß, zu sperrig oder noch festverwachsen, dann tritt seine große Kerbsäge in Aktion, die er für den schnellen Schnitt immer griffbereit in seinem Rucksack hat. Gutes Futter findet diese Säge hinter dem Dovenfleet, dort wo einmal das alte Hamburger Gängeviertel stand. Jetzt ist das Viertel durch Bomben total zerstört, nur die uralten Eichenbalken überstanden den Feuersturm. Die zerteilten alten Veteranen werden als handliche Würfel teils dem Kanonenofen unserer Setzerei und teils dem heimischen Herd als Futter in den Rachen geworfen. Finden wir in den Trümmern keine Eiche, muß auch mal ein Setzkasten dran glauben, denn dieser erste Winter nach dem Kriege ist ganz besonders kalt, hart und grimmig. Da keiner von uns was auf den Rippen hat, frieren wir noch mehr als gewöhnlich. Viele Menschen sterben vor Kälte und Erschöpfung.

Unter unserer Druckerei ist die Eckkneipe von Wilkens. Der Wirt und seine Frau sind schon betagte Leute. Er erzählt uns Stiften oft aus seiner Jugendzeit, als er als Segelschiffsmatrose um die Welt segelte, um aus Chile

Salpeter zu holen. Der alte Herr Wilkens wird dann richtig wieder jung, wenn er aus der »guten alten Zeit« berichten kann. Dann werden Geschichten erzählt von Orkanen und Eisbergen, von Menschenfressern und Seeräubern, von Ländern und Kontinenten, die von uns so undenkbar weit entfernt sind wie die Märchen aus Tausendundeiner Nacht. Dabei vergessen wir die Zeit, in der wir leben, und daß uns unsere Gesellen nur in die Kneipe geschickt hatten, um ihnen etwas zu trinken zu holen. Alkohol gibt es nicht, dafür Molkebier, ein Abfallprodukt bei der Magermilcherstellung, und Heißgetränk, ein synthetischer Himbeersaft, der kalt getrunken wird und nach nichts schmeckt. Wenn die Männer bestellen, rufen sie: »Ein Molke und ein Heißgetränk, kalt!« Dabei tun sie so, als wäre das Bier und der Schnaps echt, manche schütteln sich sogar, wenn sie das kleine Schnapsglas wieder von den Lippen absetzen.

Wenn ich dann mit einiger Verspätung mit meinem Molkezeugs in der Setzerei ankomme, werde ich oft angefahren, denn jeder, mit dem man zu tun hat, ist nervös und aggressiv, die kleinste Kleinigkeit genügt, daß die Menschen in die Luft gehen. Nervös und gereizt sind die Männer, die viel zu lange von ihren Familien getrennt waren, die in einer Männergesellschaft lebten, zuerst beim Militär, später in der Gefangenschaft, in denen sie Befehle erhielten, die sie ohne Widerrede ausführten. Nun sollen sie eine Familie führen, die sie gar nicht richtig kennen. Ebenso sensibel sind aber auch die Frauen, die im Kriege ihre Ärmel aufkrempeln mußten, um ihren Mann zu stehen. Sie sollen jetzt das Heimchen am Herd spielen, weil der zurückgekehrte Ehemann Führungsansprüche anmeldet. Sogar die Kinder merken mit feiner Antenne, daß nicht alles in Ordnung ist, und sie tragen zur allgemeinen Gereiztheit mit bei. Sie verstehen oft nicht, daß sie zu dem fremden Mann, der immer in der Küche herummault, Vati sagen sollen.

Ein lustig angepinseltes Kettenkarussell dreht hurtig seine Kreise auf der Hamburger Moorweide. Das Orchestrion spielt «Mondnacht auf der Alster«. Nur jede dritte Gondel des Karussells ist besetzt. In ihnen sitzen junge, uniformierte Milchgesichter, die sich benehmen wie die Schulkinder, sie johlen, schreien und quieken vor Vergnügen. Abseits, am Rande, stehen ein paar kleine deutsche Hosenmätze und sehen diesem lustigen Treiben zu, zu gern würden auch sie jauchzend durch die Lüfte sausen, aber ihnen ist das Mitfahren verboten, denn das Ringelspiel dreht sich nur für die Besatzungsmacht.

Schon wieder schlug der Trümmermörder zu. Es ist sein zwölftes Opfer. Die Frau, die man auf einem Ruinengrundstück im Stadtteil Horn fand, trug noch die todbringende Stahlschlinge, die ihr der Mörder um den Hals gelegt hatte. Nun verlassen nach Dunkelwerden Frauen und Mädchen nicht mehr ihre Wohnungen, ihre Angst ist zu groß, in den zerstörten, menschenleeren Straßen das nächste Opfer zu werden. Sie gehen jetzt nur noch in kleinen Gruppen und bewaffnen sich mit Schlagringen und Totschlägern. Nach diesem Mord in Horn hört die Serie der Verbrechen so plötzlich, wie sie begonnen hat, wieder auf. Vom Trümmermörder wird nicht mehr gesprochen. Gibt es ihn nicht mehr? Ist er gestorben und hat er sein grausiges Geheimnis mit ins Grab genommen? Keiner kann diese Fragen beantworten, sie bleiben im Dunkel dieser wirren Nachkriegszeit.

Ich liege mit einem leeren Kohlensack in der Hand hinter dem Bahndamm und habe erbärmliche Angst. Mein Herz pocht so laut, daß es die beiden Bahnpolizisten, die nur einige Meter entfernt von mir stehen, hören müßten. Es ist meine erste Kohlenklautour. Die Kälte, die mir langsam den Körper hochkriecht, spüre ich nicht, im Gegenteil, vor Aufregung schwitze ich aus allen Poren. Der Erdboden ist von einer dicken Eisschicht überzogen. Der Trainingsanzug, den ich anhabe, hält auch nicht gerade warm, er hat aber den Vorteil, daß ich sehr beweglich in ihm bin und schnell laufen kann. Diesen Rat gab mir mein Freund Hans, der ganz dicht neben mir liegt und schon ein alter Hase beim Kohlenklauen ist. Er weiß aus Erfahrung, wo die Güterzüge langsam fahren und wo Signale stehen, daß sie halten müssen. Auch wie die Säcke beschaffen sein müssen, damit man sie am besten tragen kann, weiß er. Seine wichtigste Mahnung: Nur Kohle nehmen, sonst nichts, keine anderen Dinge, auch wenn die Gelegenheit dafür da ist, da steht sonst Gefängnis drauf. Wenn Militärpolizei auftaucht, weil ein Zug Besatzungsgut mitführt, kann es sogar vorkommen, daß geschossen wird. Auch hat Hans, sagt er, eine Nase dafür, wo die Polizei Hunde einsetzt, dann ist es Essig mit der Kohle. Der beste Freund des Menschen beißt uns dann in den Arsch.

Heute scheinen wir Glück zu haben. Die beiden »Blauen« frieren und streben der warmen Wachstube zu, in der sie schnell verschwinden. Minuten später tauchen überall wie Schatten Figuren auf und rennen gebückt über die Gleise einem Kohlenzug entgegen. Auf den Waggons stehen schon überall Jugendliche, die in einem rasendem Tempo Kohlenbrocken zur Erde werfen. Neue kommen hinzu, die wie die Piraten den Zug entern. Selbst im Dunkeln leuchten ihre Augen, und zwischen den Zähnen tragen sie leere Kohlensäcke, damit sie ihre Hände frei haben. Auch ich stehe jetzt oben auf einem der Wagen, wie ich hier heraufgekommen bin, kann ich beim besten Willen nicht sagen. Blitzschnell ist der Sack gefüllt, und genau so schnell wird der Rückzug über das Bahngelände angetreten. Auf dem Gelände wird rangiert, unverhofft tauchen aus der Dunkelheit Lokomotiven und einzelne Güterwagen auf. Ganze Züge rumpeln an mir vorbei. Es besteht immer akute Lebensgefahr. Oft kriechen die Menschen auf allen Vieren unter den Zügen durch, wenn sie Glück haben steht er still. Aber es kommt auch vor, daß der Zug sich gerade in dem Moment in Bewegung setzt, wenn einer unter den schweren Rädern liegt, unbeweglich, weil er den kostbaren Kohlensack nicht in Stich lassen will. Mancher Kohlenklauer wird so wegen eines Sacks Brennmaterial getötet oder für sein ganzes Leben zum Krüppel gemacht. Es ist ein Wahnsinn.

Ich habe es geschafft! Da ist die Straße, ein letzter Anlauf, eine kleine Anhöhe noch, Scheiße! Auf dem vereisten, glatten Boden fliege ich lang hin, der schwere Kohlensack drückt mich mit aller Gewalt zu Boden, ich bin gefangen und kann nicht mehr hochkommen. Als ich mich endlich wieder hochrappel, schnappen zwei Fäuste nach mir, vor Wut und Erschöpfung laufen mir Tränen über mein verdrecktes Gesicht.

In der schönen warmen Wachstube sind schon viele geschnappte Kohlendiebe beieinander. Manche machen bedepperte Gesichter, manche ihre dummen Sprüche und manche sind vor Erschöpfung im Stehen eingeschlafen. Im Hintergrund sehe ich auch meinen Freund Hans. Er, der Experte, wurde als erster gefangen. Nun höre ich ihn schon wieder Ratschlage erteilen, wie man sich nicht schnappen läßt und wie man am besten mit der Bahnpolizei zurechtkommt. Als endlich, nach langem Warten, meine Personalien aufgenommen werden, fragt der Polizist nach meinem Beruf. »Schriftsetzer«, sage ich. »Und wo arbeitest du?« fragt er. Schweigend sieht er mich von der Seite an, fragt plötzlich übergangslos: »Mault Hein Möller immer noch so viel herum?« Donnerwetter, der kennt den alten Möller, woher? »Es ist schon lange her«, beginnt der Polizist. »Ich war in deinem Alter, da habe ich in deiner Bude gelernt. Der Möller war mein Lehrgeselle, und der hat schon damals gesagt: ›Geh du man zur Polizei, een richtigen Setter warst du nie‹ komisch, was?« In der

Wachbude ist es still geworden, alle anderen sind schon fort, mein Ex-Kollege schiebt mir meine Papiere wieder über den Tisch. »So, nun hau ab und laß dich hier nie wieder sehn! Grüß den alten Möller und werde ein brauchbarer Schriftsetzer.« Wie ein geölter Blitz will ich nach draußen »He, du da!« höre ich den Polizisten rufen. »Vergiß deine Kohlen nicht!«

Auf der menschenleeren Straße komme ich langsam wieder richtig zu mir. Was es nicht alles gibt! Etwas später sitze ich in der Linie 35, vor Glück und Entspannung nicke ich leicht ein. An der Mundsburg hält die Straßenbahn ungewöhnlich lange. Zwei Schupos betreten die Bahn und gehen langsam durch den Wagen und schauen unter die Bänke, bei mir bleiben sie stehen: »Ist das da dein Sack?« – »Welcher Sack?« – »Na, der da!« – »Nein, den habe ich noch nie gesehen.« Mühsam schleppen die beiden meinen Sack auf die Straße, beim Abfahren höre ich noch, wie einer von den beiden sagt: »Fein, Karl, da werden sich aber unsere Frauen drüber freuen.«

Viel gibt es nicht für die Frauen zum Freuen, sie haben es schwer. Sie müssen jetzt in vielen Familien den Mann ersetzen, weil der entweder gefallen oder noch in Kriegsgefangenschaft ist. Manche arbeiten in den Trümmern und räumen auf, putzen mit Maurerhämmern Steine sauber, die später wiederbenutzt werden sollen. Ganze Straßenzüge stehen voller aufeinandergeschichteter Steine. Es ist harte Knochenarbeit. Trümmerfrauen werden sie von uns genannt, man erkennt sie sofort am Kopftuch mit den großen Zipfeln und an der viel zu weiten Trainingshose, die unter der Kittelschürze getragen wird.

Besonders erfindungsreich werden die Frauen, wenn es um das Essen geht. Aus Steckrüben zaubern sie die unmöglichsten Gerichte und Delikatessen. Auch werden neue Nahrungsmittel erfunden: Aus Tapetenkleister werden Pfannkuchen gebacken und aus Mehl und Magermilch Schlagsahne geschlagen. Einmal brachte Mutter aus Fliegenberg an der Elbe einen ganzen Sack voll Stinte mit heim. Dieser Kleinfisch ist nur zur Möwenfütterung geeignet, doch Hunger macht erfinderisch. Der Stint wurde zum Edelfisch umfunktioniert, es gab ihn nun jeden Tag morgens, mittags, abends, sauer, gekocht, mit Lebertran gebraten. Vater sagt: »Ich freue mich wie ein Stint, wenn wir die Fische bald alle aufgegessen haben.«

Jeden Tag machen sich unzählige Frauen auf den Weg, um die schmale Kost durch zusätzliche Nahrungsmittel aufzubessern, sie fahren zu den Bauern der Umgebung, um zu hamstern. Hamstern ist wohl das ungeeignetste Wort für diese Tätigkeit, eher sollte man Tauschgeschäft zwischen ungleichen Partnern dazu sagen. Die Züge, die aufs Land fahren, nennt man Hamsterzüge, von weitem sieht so ein Zug wie ein fahrender Menschenwurm aus, nur die Lokomotive ist als Lokomotive noch erkennbar, alle anderen Wagen sind mit Menschen regelrecht zugedeckt, Menschen auf den Dächern, auf den Trittbrettern, zwischen den Wagen. Entgegenkommende Züge oder zu niedrige Brücken werden nicht selten zum Verhängnis der Hamsterer. Spät am Abend kehren die Frauen todmüde zurück. Oft sind ihre Rucksäcke leer, denn sie haben nichts an den Mann bringen können, die Bauern haben schon alles. Teppiche im Kuhstall und echte Ölbilder in der Scheune sind bestimmt übertriebene Gerüchte, aber viel fehlt nicht daran. Die Herren von der Grünen Front sind jetzt die Könige. Mancher von ihnen macht seinen Hofhund los und befiehlt: »Faß, Harras, die Trümmerweiber kommen!«

Es gibt aber auch Frauen, die sagen sich, warum plagen, es geht ja auch anders. Der Krieg ist aus, die jungen Deutschen sind weit weg, hinter irgendeinem Stacheldraht, dafür sind eben die jungen Engländer ganz in der Nähe, was soll's? Die Herren Royal Soldiers sitzen nun in den Villen rund um die Alster und warten darauf, daß junge Girls ihnen die langen Abende kurz werden lassen. Erstaunlich viele »Frauleins« trippeln nun dort vorbei, um ihr Glück zu machen. Es kann aber auch vorkommen, daß sie verscheucht werden. Plötzlich, wie aus heiterem Himmel, fährt dann Militärpolizei vor, sperrt alle Straßen hermetisch ab und alle weibliche Wesen, ob achtzehn oder achtzig, egal ob auf Brautschau oder nur zufälliger Passant, werden auf Lastwagen geladen und im Eppendorfer Krankenhaus untersucht. Aber schon kurz Zeit später trippeln sie wieder ums Karree. Es hat eben alles seinen Preis. Zigaretten und Kaugummi, Butter und Brot, Nylons und Lippenstifte. Ab und zu kommen junge Besatzer in unsere Straße zu Besuch. Sie besuchen, mit vielen Paketen unterm Arm, Frauen aus der Nachbarschaft. Es scheint so eine Art englische Krankheit zu sein, sofort nach dem Betreten einer Wohnung die Rollos herunter zu lassen.

Heute ist der 20. Juni 1948, ein mieser, regnerischer Sonntag. Ich stehe mit meinen Eltern in einer langen Schlange vor der Schule in der Humboldtstraße. Wie aus heiterem Himmel traf uns die Nachricht, daß wir neues Geld bekommen sollten, das alte Geld ist ab morgen wertlos, man kann damit den Ofen anmachen. Für 60 alte Reichsmark bekommt man 40 neue D-Mark. Sinnigerweise nennt man diesen Zwangsumtausch: Empfang des Kopfgeldes.

Ich halte die neuen, knisternden Scheine in der Hand und betrachte sie von allen Seiten. Merkwürdig und ungewohnt kommen sie mir vor, so ohne Reichsadler. Der höchste Wert ist der 20-Mark-Schein, auf dem eine hockende Frau vor einem Bienenkorb abgebildet ist. Hoffentlich kann man für das neue Geld viel kaufen.

Das 9. Kapitel

erzählt vom siegessicheren Otto, vom toten Punkt und vom Untergang der »Deutschland«

Blechernd und überlaut dröhnt der Schlager Amapola über das Wasser des Elbe-Trave-Kanals. Der harte Rhythmus der Elektrogitarren heizt die Spannung, die in der Luft liegt, noch mehr an. Die letzten Akkorde sind kaum verklungen, als auch schon die Stimme des Ansagers zu hören ist: »Meine Damen und Herren, liebe Ruderfreunde, zum Abschluß der diesjährigen Ruderregatta hier in Lübeck sehen sie als nächstes das Rennen der großen Achter. Sechs Boote liegen am Start. Auf Bahn eins ...«

Auf Bahn eins liegen wir, neben uns noch fünf andere Achter, Mannschaften aus Lübeck, Essen, Berlin, Kiel und Mannheim. Die Boote liegen alle auf einer Höhe und sind schon ausgerichtet. Die Steuerleute sehen mit ihren Flüstertüten vor den Mündern wie Marsmenschen aus, sie schreien ihre Befehle in die Gegend, damit ihre Boote absolut gerade zur Rennstrecke liegen. Hinter ihnen, in kleinen Kähnen, liegen Schuljungen auf dem Bauch und halten mit aller Kraft die Steuer der einzelnen Achter fest, damit keiner auch nur einen winzi-

Leistungssportler

Mit Willi und Otto auf der Hamburger Frühjahrsregatta, 1949

gen Vorsprung hat. Die Startbarkasse ist noch nicht zu sehen.

Im Boot ist eine gespannte Atmosphäre zu spüren. Einige von uns sitzen stocksteif auf ihrem Rollsitz und sagen keinen Ton, nur ihre Kaumuskeln im Gesicht verraten ihre innere Spannung. Sie kauen auf Petersilie, Zitrone oder Kaugummi. Jeder hat sein Geheimrezept, ich bevorzuge Pfefferminz. Andere machen noch schnell ein paar Lockerungsübungen mit Armen und Beinen, daß das ganze Fahrzeug bebt. Der Schlagmann furzt, daß die Heide wackelt, aber keiner lacht wie sonst. Wieder andere machen krampfhaft Atemübungen, sie saugen so viel Luft ein wie irgend möglich, um danach den Atem so lange anzuhalten, daß schier die Lungen platzen. Einige machen ihre Hände naß, zwei oder drei sind damit beschäftigt, ihre, ganz im Gegenteil, pudertrocken zu reiben. Gesprochen wird nur das Allernotwendigste. Nur unsere Plaudertasche auf Nummer drei erzählt irgend eine alberne Geschichte von einem Mädchen, aber keiner hört auf sein Geschwätz. Ich habe die wahnsinnige Vorstellung, daß ich alles vergessen habe und daß ich jeden Moment aus dem schmalen Boot fallen werde. Innerlich höre ich noch die Stimme meines Trainers: »Hört zu, ihr Versager, heute kommt's drauf an, heute könnt ihr mal zeigen, was ihr gelernt habt, denn heute fahrt ihr euer erstes großes Rennen, alles andere vorher war nur Spielkram. Wenn ihr gewinnt, was ich übrigens nicht glaube, denn die Konkurrenz ist bärenstark und läßt sich von euch Freizeitpaddlern nicht verarschen, also, wenn ihr gewinnt, seid ihr Senioren, merkt auch das. Reißt euch zusammen und macht mir keine Schande, der Verein sieht auf euch.«

Von Ferne her sieht man die Startbarkasse mit einer hohen Bugwelle angeprescht kommen. Der Starter steht schon vorn im Boot und hat die gelbe Flagge in der

Hand. Die Affen sollen bloß nicht solche wilden Wellen machen, denn diese sind das Schlimmste, was einem beim Rennen passieren kann. Schmale Boote wackeln bei der geringsten Bewegung, und wenn es wackelt, können die Ruderknechte nicht mehr gleichmäßig arbeiten, Rhythmus und Eleganz sind sofort im Eimer.

Plötzlich ertönt eine Stimme aus der Mitte des Bootes: »Gib doch noch schnell mal die Blechdose, ich muß noch mal schiffen!« Ist der Kerl verrückt geworden, so kurz vor dem Start? Die Barkasse liegt jetzt neben uns, und der Starter hebt eine rote Fahne hoch. Frage an alle Mannschaften, ob sie startklar sind. Kommando: »Meine Herren, sind Sie bereit? – Fort!«

In sechs Booten ist die Hölle los. Orkanartig peitschen die Ruderblätter durchs Wasser, die Steuerleute zählen mit überkippender Stimme: »... eins und zwei, und drei ...« Bis 25, Startschläge so hart, so schnell und so kraftvoll wie nur irgend möglich. Immer ein Stückchen über der Leistungsgrenze. Geballte Kraft ohne Hirn. Jetzt arbeiten acht Mann genau und präzise wie eine Hochleistungsmaschine. Perfektes Teamwork und erstklassige Dressur.

Wenn ich mit meinen Eltern an der Alter spazieren ging, träumte ich als kleiner Junge schon davon, einmal in so einem schmucken Boot sitzen zu können. Doch Mutter und Vater winkten ab: »Das ist nichts für dich, mein Lieber, das ist was für die reichen Leute, für dich ist ›Hamburg 93‹ oder ›Sperber‹ das Richtige, aber du willst ja nicht wie die anderen Jungen Fußball spielen.« Jahre später, als ich schon ein Stift war, hörte ich wieder ältere Kollegen vom Rudersport erzählen, sie erzählten tolle Geschichten von großen Regatten und einmaligen Rennen, von Endspurtentscheidungen und Mannschaften, die sagenhaft stark waren, vom Blauen Band der Alster und von Vereinen, die so wunderbare Namen hatten: Palmyra, Vineta oder Ozeana. Verklärt wurden diese Geschichten dadurch, daß sie so lange zurücklagen, zu einer Zeit, als die Kollegen noch junge Männer waren und ein Krieg in weiter Ferne lag. Wenn ich bei diesen Gesprächen dazukam und mit großen Ohren zuhörte, sagten sie spöttisch zu mir: »Hau ab, du Spittel, von solchen Dingen verstehts du doch nichts, das ist eine Sache für ganze Männer!« Heimlich suchte ich mir auch so einen Verein, ich wollte es den alten Spinnern mal zeigen, von wegen Spittel und so. Bald saß ich bei »Vorwärts«, einem Arbeiterruderverein, in der Sechser-Gig und bekam blutige Blasen an den Händen und am Hintern. Als meine Mutter davon hörte und meine Wunden sah, war sie fassungslos: »In diesen schlechten Zeiten, keiner wird satt, da geht der Bengel hin und rudert sich noch das letzte bißchen Fett von den Rippen. Das Vaterunser kann man ihm durch die Backen blasen.«

Von diesen Arbeitervereinen, wie »Vorwärts« einer war, gab es viele an Elbe, Alster und Bille. Sie blieben unter sich; mit den feinen bürgerlichen Klubs, die damals schon Rennboote fuhren, wollten sie nichts zu tun haben. Es gab eine strenge Grenze, hier Bürgerliche, dort Arbeiter, man sprach nicht einmal miteinander. Wir fuhren schwere, geklinkerte Gigs und Werrys mit festen Rudersitzen, den Kuttern bei der Kriegsmarine nicht unähnlich. Bei uns brauchte man keine Technik, sondern nur Kraft, Kraft und nochmals Kraft.

Wenn Otto nicht gewesen wäre, wäre ich schon nach dem ersten Trainingstag wieder davongelaufen. Aber Otto, er war eine viereckige Figur, so um die dreißig, ein typischer Hamburger, begeisterte mich immer wieder für diesen, seinen Sport. Er schlug uns krachend auf die Schultern, wenn wir vor lauter Erschöpfung das heulende Elend bekamen. Er baute uns innerlich auf, machte unsere Gegner klein und uns selber groß. Er glaubte an uns und sagte es auch. Er impfte uns eine tolle Kameradschaft ein und sprach immer wieder von Siegen über uns und über unsere Gegner. Wir wurden Otto- und Ruder-Hörig. In ganz kurzer Zeit hatte er aus sechs verschiedenen Typen, mit den unterschiedlichsten Ansichten, den verschiedensten Temperamenten und gegensätzlichsten Berufen, eine Mannschaft gemacht. Als er mit uns zur ersten Regatta fuhr, saß er am Steuer, mit einer roten Nelke an der Elbseglermütze und sagte zu unserem ersten Vorsitzenden: »Willy, wenn ick mit min Jungs nich gewinn, fohr ick glicks wieder no Füerland!« Er brauchte nicht nach Feuerland zu fahren, wir gewannen mit ihm dieses und viele andere Rennen. Nach kurzer Zeit wurde unsere Mannschaft sogar in unseren Kreisen bekannt.

Ein Schild taucht an der Rennstrecke auf: 500 Meter. Das kann doch nicht wahr sein, daß wir erst 500 Meter hinter uns haben. Ich linse ganz leicht zur Seite, dort, wo die Gegner sind, wir liegen alle ziemlich gleichauf, nur die Berliner müssen einen Bombenstart erwischt haben, eine Luftkastenlänge liegen sie vor uns. Nun schreit auch noch der Lübecker Steuermann: »Ran, ihr Männer, Hansa baut ab! Und jetzt zehn Schnelle.« Dem Arsch werden wir's gleich zeigen. Es geht ein Ruck durch die Mannschaft. Ohne Kommando wird die Schlagzahl erhöht. Gott sei Dank, der Schlagmann hat aufgepaßt. Unseren Steuermann höre ich überhaupt nicht. Warum sagt der Esel nichts, ist der stumm? Wir müssen noch einmal spurten, sonst sind wir weg vom Fenster.

Jetzt endlich: »15 Schnelle, und eins, und zwei, und ...« Puh, das wird heute hart, nicht zu den anderen gucken, sage ich mir, obwohl ich als Nummer eins ganz vorn an der Spitze des Bootes es mir erlauben könnte.

Nach dem Spurt wieder lang und rhythmisch, hartes Wasserpacken, butterweiches Vorrollen, Wasserpakken, Vorrollen.

Die Körperbeherrschung ist der Schlüssel zum Erfolg im Rudersport; das Wechselspiel zwischen federleichtem Schweben zur Auslage und explosionsartiger Kraftanwendung beim Eintauchen der Ruderblätter ist das ganze Geheimnis, das bei dieser Sportart zum Erfolg führt. Als wir zum ersten Mal in so einem Rennboot einsteigen wollten, kippten wir sofort damit um, und vier Mann lagen im Bach. Der Trainer, der das sah, drehte sich voller Abscheu um und murmelte: »Lebensfähig, mit halbem Hirn!« Das kommt davon, wenn Arbeitersportler die Fronten wechseln.

Wie kamen wir nun ins Rennboot? Ganz einfach, unsere harmonische Mannschaft ging kaputt, zwei gingen zurück nach Westdeutschland, vier blieben übrig, die ihrer Sechser-Gig nachtrauerten. Zwei Neue wollten wir nicht, wir zogen uns in die Schmollecke zurück, und in so einer Ecke, einer ganz dunklen im Bootshaus, fanden wir ein altes, verstaubtes Rennboot unter der Decke hängen. Keiner wußte, wie es dahingekommen war, wahrscheinlich hatten die Engländer es dort vergessen. Wir tauften es auf den Namen »Mitläufer«

In der ersten Zeit »liefen« wir nicht nur mit, sondern wackelten hinterher, sehr weit sogar. Aber mit der Zeit gewöhnte sich der alte Schinken an uns und wir uns an ihn, er machte schon bisweilen Fahrt. Wenn irgendwo in der Nähe von Hamburg eine Ruderregatta war, waren wir dabei, manchmal nahm sogar einer von den »feinen« Vereinen unser Boot auf seinem Transportwagen mit. Wir selbst fuhren mit der Bahn oder mit dem Bus, hatten wir kein Geld, versuchten wir es per Anhalter.

Einmal, nach einer Regatta in Bremen, nahm uns ein Lastwagen mit, der auf dem Dach den modernsten

Rennvierer von Pirsch montiert hatte. Der Lastwagen war die rollende Behausung für vier spindeldünne Männer, die in diesem Gefährt mit ihrem Betreuer von Regattaort zu Regattaort fuhren. Sie erzählten uns, wie vorteilhaft es ist, in diesem Auto zu wohnen, doch auf die Dauer würde das Benzin ganz schön teuer, denn ihr Verein, der Deutsche Ruderclub Hannover, sei sehr arm. Die Ruderer waren mehrfache deutsche Meister im Vierer mit und im Vierer ohne Steuermann, ihr Betreuer hieß Dr. Wülfing, der nebenbei auch noch ihr Lehrer war.

1000 Meter. Halbzeit. Die Lübecker neben uns sind schon zurückgefallen, aber die Leute aus Essen und Berlin liegen noch leicht vorn. Scheiße. Wir müssen jetzt auf Biegen und Brechen ran. Mehr Dampf. Zwischenspurt. Aufpassen. Ranklotzen. Mit der ganzen Kraft des Körpers, vom Stemmbrett her aufs Ruderblatt springen. Die Dinger durchs Wasser peitschen. Nur nicht nachlassen. Wir werden es schon schaffen. Der Berliner Ruderklub spurtet wie wild. Wir kommen ohne Extras an sie heran. Jetzt höre ich auch den Makker am Steuer wieder: »Gut so, ihr Männer, so läuft der Kahn richtig!«

Zurück zum »Mitläufer«. Nach einiger Zeit beobachtete uns die Rudergesellschaft »Hansa«, die wenig junge Leute in ihren Reihen hatte und es gerne sähe, wenn wir für sie aufs Wasser gehen würden. Es gab Gespräche, und wir wurden neue Mitglieder der Gesellschaft.

Bei »Hansas« war nun alles ganz anders. Da gab es feine dunkelblaue Klubjacken mit golden eingestickten Abzeichen, elegante Trainingsanzüge, Teepartys und Herrenabende. Jeder sagte zu jedem »Sie«, selbst unter der Dusche. Es gab jetzt nur noch »Alte Herren« und nicht, wie früher, ganz einfach Kuddel, Hein, Paul oder Erwin. Die Alten Herren waren jetzt die Dreh- und An-

Der Jungmannenachter der Rudergesellschaft Hansa beim Training auf der Hamburger Alster

gelpunkte im Vereinsleben, die Diamanten, auf denen sich die Tresortüren drehten. Sie bestimmten den Kurs des Klubs und zeigten, wo es langging. Sie, und nur sie ganz allein, bestimmten, welche Mannschaft wo und wie oft startete, welcher Ruderer auf welchem Platz und in welchem Boot saß.

Diese alten Männer hatten etwas, wovon wir jungen Sprinter nur träumten: Geld. Manche nicht gerade wenig. Und wenn einer mit lockerer Hand einige große Scheine in den silbernen Spendenpokal warf, so wurde der nächste neue Achter oder Vierer auf den Namen seiner Frau oder seiner Tochter getauft. Dies alles ging ja noch, aber fatal wurde die Sache, wenn der Alte Herr einen Filius hatte, und dieser Sprößling war eine ausgesprochene Schlappfigur, die sich bestenfalls zum Kriegenspielen eignete. Wie sollte man den zum kernigen Sportsmann machen? Trotzdem, Vaters Wunsch war Befehl: »Ich war schon als junger Mann im Verein, und du, mein Sohn, machst da auch mit, ob du willst oder nicht, Punktum!« Später, im Regattateam, in das der Junge natürlich ohne Zögern aufgenommen wurde, gingen die olympischen Träume des Vaters voll in die Ruderhose. Der Trainer, der sein Salär von der Altherrenriege erhielt, wagte nicht zu sagen, daß der Junior eine Flasche war. In den meisten Fällen wurde so ein Ausfaller Steuermann, damit er später wenigstens sagen konnte: »Ich war dabei!«

So einen Steuermann hatten wir auch einmal. Ein echter Baron, uralter Adel, etwas schusselig und a bissel dekadent, aber sonst ganz nett. Einer seiner Edelvorfahren muß ihm aus dem Morgenland, beim letzten Kreuzzug oder sonstwoher, die Hühnerblindheit mitgebracht haben. Normalerweise sah er wie jeder andere auch, nur in der Dämmerung, da wurde es gefährlich, dann konnte er absolut nichts mehr erkennen. Diesen wunden Punkt seines Schattendaseins hielt er lange vor uns geheim, bis er eines abends krachend einen Alsterdampfer rammte. Dem Dampfer passierte nichts, der fährt noch heute seine Strecke auf der Alster, aber unser Achter sank in Minutenschnelle, und wir mußten schwimmend das Ufer erreichen. Lobend wurde später in den Klubnachrichten das Verhalten unseres Edelknaben gewürdigt: Der Herr Baron rettete unter Lebensgefahr zwei teure Rennriemen. In Wirklichkeit hielt er sich an den Rudern nur so lange fest, bis er aus dem Wasser gezogen wurde – denn er konnte auch nicht schwimmen. Der Untergang der »Deutschland«, so hieß nämlich das Boot, war keine große Katastrophe, der alte Baron ließ eine neue »Deutschland« auf Kiel legen. So einfach ist das! Adel verpflichtet eben.

Die 1500-Marke erscheint. 500 Meter sind noch bis zum Ziel. Immer noch liegen vier Boote auf einer Höhe, und wir sind mit dabei. Wer jetzt die beste Kondition hat, behält auch die Nase vorn, nur nicht die Nerven verlieren, nur nicht schlappmachen! Nicht mit der Kraft nachlassen! Nachlassen? Warum denn eigentlich nicht? Weshalb mache ich diese gottserbärmliche Schinderei mit? Wofür? Doch nicht etwa für das lächerliche Stück Blech, das sie einem um den Hals hängen, sollte man gewonnen haben. Wofür denn sonst? Etwa für den Trainer? Für diesen bezahlten Wurstel, der sich eine Freude daraus macht, seine Mannschaften immer und immer wieder über die Rennstrecke zu hetzen, sie mit seinem Megaphon auf das übelste und in primitivster Form zu beschimpfen. Arschloch, Pfeife, Versager sind noch seine feinsten Ausdrücke, die er benutzt. Der alte Spinner sieht uns doch nur durch seine Prämienbrille, für ihn sind wir nur Nummern von eins bis acht. Der Mensch zählt nichts, null. Immer wieder muß man sich ins Gedächtnis rufen, daß der, der sich dem Leistungssport verschrieben hat, viel von dem, was andere unter

»Würde des Individuums« verstehen, unter der Dusche lassen muß.

Also, für wen reiße ich mir hier die Arme aus dem Leib? Wozu kotze ich mir fast die Lunge aus dem Hals? Für den Verein? Daß ich nicht lache! Wenn eine Mannschaft gewinnt, wird ein kleines Fähnchen am Bootshaus hochgezogen, und die Alten mit ihren albernen, kleinen Rudderermützchen über ihren dicken roten Nasen, mit ihrem goldenen Vereinsabzeichen am Blazer und einer dicken Brasil im Mundwinkel fallen sich vor lauter Freude um den Hals, schlagen sich gegenseitig auf die Schultern, um sich zu versichern, was sie doch für großartige Kerle seien. Diese Vorstellung ist immer die gleiche, auch wenn eine Mannschaft mühelos ein viertklassiges Rennen gewinnt. Wenn aber einmal ein Spitzenrennen ganz knapp verloren wird, steht keiner vom Geldadel am Steg, um den Verlierern Trost zu spenden. Den abgekämpften Jungens wird höchstens von den alten Heinis mit knarrender Stimme ein »Nachsetzen und besser machen« aus der Ferne zugerufen. Am liebsten möchte ich meinen Freunden im Boot zurufen: »Aufhören! Aufhören mit diesem hirnrissigen Blödsinn!« – »Mensch, Junge, nun halt mal die Luft an«, sage ich mir. »Spinnst du? Du phantasierst ja schon, das sind doch typische Erscheinungen kurz vor dem toten Punkt.«

Ich habe doch selber Schuld, denn diesen ganzen Zirkus mache ich aus freien Stücken und ohne jeden Zwang mit! Wir versprachen doch am Tage der Trainingsverpflichtung, mit ganzer Kraft für den Verein und die Mannschaft da zu sein. Keinen Alkohol zu trinken, keine Zigarette zu rauchen und die Frauen rechts und links liegen zu lassen. Sich körperlich und geistig fit zu halten und immer und überall ein fairer Sportsmann zu sein.

Endspurt. Alle Energie, die man jetzt noch in sich

hat, wird restlos aufgebraucht. Mit weitaufgerissenem Mund wird nach Luft geschnappt. Hände, Arme, Beine werden schonungslos eingesetzt, die Muskeln sind zum Zerreißen angespannt, man spürt überhaupt nichts mehr, alles spielt sich im Unterbewußtsein ab. Die Zeit ist stehen geblieben, mir wird schwarz vor Augen, das Gehirn ist leergefegt, und ganz aus der Ferne ist eine Glocke zu vernehmen. Ende.

Mit leicht dröhnendem Kopf und jagenden Pulsen komme ich wieder zu mir, ich liege lang auf dem Rollsitz. Was ist los? Peter, der vor mir sitzt, schüttet mir mit vollen Händen Wasser ins Gesicht. »Hoch, du Pflaume, so sieht doch kein Sieger aus!« Aus den anderen Booten, die kreuz und quer hinter der Ziellinie liegen, hört man übers Wasser schallen: »Den Siegern ein dreifach kräftiges Hurra, ... ra, ... ra!«

Das 10. Kapitel

erzählt vom Kreuz mit dem Süden, vom Stierkampf in Sevilla und von einer braven Bäckersfrau in Göttingen

Vom Krieg wird nicht mehr gesprochen. Er ist vorbei, vergessen, in eine unwirkliche Ferne gerückt, mit dieser unglücklichen Sache wollen wir nichts mehr zu tun haben. Nur manchmal werden wir unangenehm an das Gestern erinnert, wenn hohlwangige Spätheimkehrer in zerlumpten Uniformen uns über den Weg laufen. Da ist es am besten, wegzugucken; denn »Unglück steckt an«, sagt Tante Grete. Und es leben viele Tante Gretes in Deutschland.

Altgeselle Hein aus meiner Lehrbude hat seinen Rucksack und seine Säge für den schnellen Schnitt nun auch in die Ecke gestellt und sich selbst auf das wohlverdiente Rentensofa gesetzt. Dort schimpft er nun auf alte Nazis und junge Gewerkschaftsbonzen.

Mein Lehrherr, bei dem ich mich damals vergrüßte, ist nach einer kurzen Zeit der inneren Einkehr wieder voll in Aktion. Jetzt staucht er keine kleinen Lehrlinge mehr zusammen, wenn die ihn mit einem freundlichen »Guten Tag« begrüßen. Heute grüßt er selber so, wenn er gutgelaunt am Morgen sein Geschäft betritt oder seinen Platz als Präses der Handelskammer einnimmt.

Urlauber

Mit Peter am Kaktusstrand in Portugal, 1951

Deutschland geht es gut, der Weg führt immer steiler bergauf. Der Blick ist nach vorn gerichtet, wo mit mächtigen Lettern das Wort »Wirtschaftswunder« steht. Nun wird in die Hände gespuckt und Geld verdient. Alles andere zählt nicht. Politik? Was soll das? Mein Ruderverein genügt mir. Mutter findet das gut so, denn »Politik verdirbt den Charakter, das hat man doch gesehen«. Vater hat mich allerdings vor kurzem zu einer SPD-Versammlung in die Bürgerstuben mitgeschleppt. Wir saßen am selben Tisch, an dem auch der dicke Schlachter Klotz saß, dem noch im Frühjahr 45 die Leute aus dem KZ seinen zerbombten Laden wieder aufgebaut hatten. Bier und Schnaps flossen in Strömen und im Lokal war ein Qualm, nicht auszuhalten.

Nun, nach sieben Jahren haben auch wir endlich wieder eine eigene Wohnung. Doch bevor sie so richtig unsere eigene wurde, hatten wir noch viel Ärger auszuhalten, oft bis an die Schmerzgrenze. Eine Frau mit dem merkwürdigen Vornamen Elefteria verkaufte meinen Eltern ihre Wohnung. Weil sie, wie sie sagte, endlich wieder in ihre Heimat zurück wollte. Wo diese Heimat nun aber wirklich lag, war genauso undeutlich und verwaschen, wie sie die deutsche Sprache beherrschte. In unregelmäßigen Abständen wurde sie von fremdländisch aussehenden Leuten besucht, die Frau Elefteria lautstark und aufs heftigste als türkischen Scheitan, albanischen Teufel oder als griechische Hexe beschimpften. Diese geographische Ungenauigkeit mag die so Beschimpfte dazu veranlaßt haben, ihre Abreise auf den St.-Nimmerleins-Tag zu verschieben. Als meine Eltern von ihr das schon gezahlte Geld zurückverlangten, erklärte sie uns den Krieg. Aber den totalen, gewürzt mit allen balkanesischen Zutaten. Doch zur größten Überraschung aller gewann die Familie Suhr den Balkanfeldzug. Als Elefteria auf Gerichtsbeschluß und auf einer Krankentrage mit einer Polizeieskorte die Wohnung verließ, erklärte Vater diesen denkwürdigen Moment zum familiären Befreiungstag.

Das Wort Befreiung hatte schon einmal in der Familie heftigen Wirbel ausgelöst, als mein Bruder bei seinem letzten Besuch mit meinem Vater über Politik stritt. Da war die Rede von der Befreiung vom Naziterror. Junge, da ging bei Heinz aber die Post ab, da wurde die alte Streitaxt zwischen Vater und Sohn wieder kräftig geschwungen. »So ein Schwachsinn, so ein rotes Geplapper«, sagte Heinz, »ich lasse mich nicht von dir zum Verlierer machen, du warst einer, als du damals aus dem Krieg zurückkamst. Du wirst noch sehen, wir sind die Gewinner.«

Wenn es auch modern ist, unsere jüngste Vergangenheit einfach zu vergessen, so kommt mein Bruder doch oft ins Grübeln und läßt seinen Gedanken freien Lauf. Für Rommels Niederlage in Nordafrika macht er einzig und allein die lahmarschigen Italiener verantwortlich, in Stalingrad haben die Generäle versagt, und die Landung in der Normandie war nur durch Verrat möglich. Überhaupt war alles verlottert und verrottet, nur Hitler ganz allein war die Lichtfigur, die von der ganzen Schweinerei keine Ahnung gehabt hatte.

In Heinzens mehrjähriger Gefangenschaft in Texas, Michigan und Arizona wurde so mancher junge Mann, der noch kein Nazi war, zu einem gemacht. Da waren die aufklärenden Gespräche und der massive Druck der Gruppe, der bis zum Terror gehen konnte. Auch durch Was-wäre-wenn-Theorien wurden die jungen Männer von den gefangenen Herrenmenschen in die Mangel genommen, immer mit der Absicht, das Ideengut der Nazis am Leben zu erhalten.

Nach dem Kriege wurde mein Bruder mit vielen anderen Gefangenen nach Frankreich entlassen, um dort sofort wieder im Lager zu verschwinden. Nur mußten sie dort arbeiten und durften nicht, wie in Amerika, den ganzen Tag auf der Matte liegen. Dieses nahm Heinz den Amis sehr übel. Als »idiotischen Fehler der Zeitgeschichte« bezeichnete er die Tatsache, daß die Westmächte nicht mit den Deutschen zusammen die bolschewistischen Horden bis in den letzten Winkel der Mongolei zurückgetrieben hätten.

Nach seiner Entlassung aus der Kriegsgefangenschaft blieb Heinz im Lande der Franzosen. Mit dem Deutschland, wo Rote und Sozis das Sagen hatten, wollte er nichts mehr zu tun haben. Danke schön, das ist nicht mein Vaterland, sagte er. Von Lore wurde er am selben Tag geschieden, als ich meine Gesellenprüfung bestand. Meine Zensur war sehr gut, doch in der Familie wollte sie keiner sehen; denn alles drehte sich um den »armen« Heinz und um die »böse« Lore. Ich war traurig darüber, daß sich die Spur von Lore und ihrer kleinen Christel, mit der ich doch eine so schöne Zeit in Zoppot bei Tante Emmy und Onkel Heini verbracht hatte, irgendwo im Sand der Lüneburger Heide verlief. Nicht nur zum Trennen von seiner Frau war mein Bruder kurzfristig ins ungeliebte Vaterland zurückgekehrt, sondern auch zum Beobachten und Kritisieren des neuen Deutschlands. Und im Zentrum seiner allgemeinen Nörgelei befinde ich mich. Nein, mit mir ist er ganz und gar nicht zufrieden, ich habe keinen Mumm in den Knochen, bin zu schlapp, eben ein Weichmann. Das da mit dem Ruderverein ist ja gut und schön, doch so eine richtige vormilitärische Ausbildung ist doch ein ganz anderer Schnack. Schnee von gestern, schade, Schwamm drüber. »Mensch, da waren wir doch ganz andere Kerle«, erinnert sich mein großer Bruder. »Als ich mit dem kleinen Fred und Hans Biester quer durch Deutschland radelte, um in Nürnberg dabeizusein. So eine Sache würde mein Herr Bruder nie auf die Leiste bringen, der würde eher auf einen Luxuszug warten, bevor er seinen Hintern bewegt.«

Solche Reden von Gestern und Vorgestern, von Kraft und Freude ärgerten mich, und ich träumte davon, es dem ehemaligen Arbeitsdienstführer, meinem Herrn Bruder, einmal zu zeigen. Man müßte sich einfach aufs Rad setzen und nach Frankreich fahren und dann sagen: »Na, Freund, was ist nun? Hier bin ich! Wer ist jetzt ein Weichmann? Deine Kleinkindertour nach Nürnberg kannst du dir an den Hut stecken.« Das wäre was.

Aber warum nur träumen? Als ich einmal mit meinen beiden Ruderfreunden Heiner und Peter über meine geheimen Pläne sprach, waren die sofort Feuer und Flamme. »Toll, Paris, wie sich das schon anhört, wie Sünde mit Sahne. Wir sind dabei.«

Die folgenden Wochen sind von großer Betriebsamkeit ausgefüllt. Reisepässe werden beschafft und Einreisevisa für Frankreich, Spanien, Belgien, Portugal und die Schweiz beantragt. Ein blöder Papierkrieg. Sogar polizeiliche Führungszeugnisse müssen wir uns besorgen. Jetzt wollen wir auch nicht nur Paris, die Lichterstadt an der Seine, besuchen, jetzt steht ganz Frankreich auf dem Fahrplan. Und wenn wir schon mal so weit im Süden sind, sollten wir diese Gelegenheit beim Schopfe packen und einen Abstecher nach Spanien wagen, das ist ja so weit, da kommen wir sonst bestimmt nie wieder hin. Ja, und Portugal liegt doch nur um die Ecke, einen Katzensprung entfernt.

Ein extra leichtes Sportrad, Marke Rabeneick mit Dreigangschaltung für 195 Mark, habe ich mir bei Fahrrad-Richter schon ausgeguckt. Als ich über die Art der Bezahlung bei Herrn Richter rumdruckse, lacht der nur und sagt: »Darüber reden wir später, mein Junge, du zahlst so viel wie du kannst, mindestens 20 Mark im Monat. Einverstanden?« Als Zugabe montierte Herr Richter mir noch eine besonders starke Kette ans Rad.

»Echte Friedensware aus England.« Kostenlos. Ein prima Mann.

Jetzt machten wir an den Wochenenden Testfahrten. Übten das Windschattenfahren, wie wir es bei den Profis beim Sechstagerennen gesehen hatten, und trainierten den blitzschnellen Radwechsel auf den Landstraßen Schleswig-Holsteins.

Endlich ist der Tag der Abreise da. Start frei! Vater gibt noch wichtige Tips für eventuelle Pannen, Mutter wischt sich verstohlen über die Augen. Ein letztes Winke-Winke. Die Nachbarn rufen uns aus den geöffneten Fenstern noch irgendetwas zu, was wir aber schon gar nicht mehr hören, wir sind in Gedanken schon in weiter Ferne.

In einem Tempo, als wollten wir Weltmeister werden, hetzen wir quer durch Deutschland. Mit normalen Radlern haben wir nicht die geringste Ähnlichkeit, denn wir sind Leistungssportler, und ein Leistungssportler muß immer der Erste sein. Ununterbrochen die Spitze zu behaupten, schlaucht mit der Zeit doch ganz schön. Die ewigen Positionskämpfe sind noch so eben und eben zu ertragen, wenn nur nicht diese höllischen Schmerzen vom blutigen und kaputten Hintern wären.

Der blau-weiß-rote Schlagbaum geht in die Höhe, wir sind im Ausland. Ausland ist für mich ein Wort, das sich in meinen Ohren fremd und gefährlich anhört, ähnlich wie Ausgestoßen. Doch die Kühe und Bäume sehen genauso aus wie bei uns zu Hause, nur die Kilometersteine sind lustiger. Mit den Leuten wagen wir nicht zu sprechen, denn wenn die merken, daß wir Deutsche sind, sind sie vielleicht sauer. Es ist ja noch gar nicht lange her, daß die feldgrauen Kolonnen mit ihren Knobelbechern durch die Gegend polterten und »Siegreich woll'n wir Frankreich schlagen« sangen.

Paris steht mit großen Buchstaben auf dem Pflaster, aber wo sind wir wirklich? Wie kommen wir bloß zu diesem Campingplatz mit dem zungenbrecherischen Namen? Bevor wir den Flic, der mit einem weißen Stöckchen und viel Eleganz den Verkehr dort auf der Kreuzung regelt, mit unserem Holperfranzösisch nach dem Weg fragen, hat der doch längst Feierabend. Trotzdem: »Mister« – »Äh?« – »Ou Avenue de la Port . . .« – »Comme?« – »Wo Jugendher . . . Auberge de Jeunesse?« – »Moment!« Der Polizist geht zu seinem Motorrad, streift sich seine weißen Handschuhe über, startet und fordert uns mit einer Handbewegung auf, ihm zu folgen. Über eine Stunde fährt er vor uns her, stoppt, wenn es sein muß, den Verkehr und lotst uns so quer durch Paris zu dem so schwer auszusprechenden Zeltplatz. Bevor wir noch »Merci« herausbringen können, ist er schon davongebraust.

Auf einem Friedhof am Rande der Stadt befindet sich der Campingplatz. Ohne jede Ordnung sind zwischen Kreuzen und umgefallenen Grabsteinen kleine und größere Zelte aufgebaut worden. Zwischen den Zelten suchen Hunde und Penner nach Abfällen, sie wohnen in Erdlöchern und Pappkartons. Die letzte Station von Touristen auf ihrem Weg nach Nirgendwo.

Wenn du eine Stadt so richtig kennenlernen willst, mußt du sie unter den Sohlen spüren und mit deinen Füßen mußt du sie dir erobern. Richtig! Uns bleibt ja auch gar nichts anderes übrig, denn in Paris streikt mal wieder die Metro. Die Champs-Elysees nehmen überhaupt keine Ende, und der Eiffelturm erscheint in unerreichbarer Ferne. Mit jagenden Pulsen und heraushängender Zunge betreten wir die oberste Plattform des Stahlmonsters, die Fahrt mit dem Lift können wir uns nicht erlauben, zu teuer. Doch die Aussicht ist einmalig.

Wir kramen in den Bücherkarren an der Seine, steigen im Louvre auf einen kleinen Schemel, um der Mona Lisa besser in die Augen sehen zu können, essen in den Markthallen eine billige Zwiebelsuppe und besuchen

So übernachten wir an einer Nationalstraße in Südfrankreich

den toten Napoleon im Invalidendom. Die leichten Damen mit den superkurzen Röcken in der Rue Stalingrad beachten wir nicht.

Ab und zu machen wir Rast in irgendeinem Bistro an der Straße, wo die Tische und Stühle so eng beieinanderstehen, daß die Kellner große Mühe haben, sich dazwischen durchzuquetschen. Auf der Straße eine einzigartige Völkerschau. Menschen, die ich bis jetzt nur im Museum gesehen hatte, laufen dort in echt vorbei. Blaue Beduinen, Neger in allen Hautfarben und den buntesten Kleidungen, Kolonialsoldaten in farbigen Uniformen, Chinesen, Zulus, Südseebewohner und was weiß ich noch alles. Paris, das Schaufenster der Welt.

Vor uns taucht Rouen auf. Rouen ist die Stadt, wo nicht nur die Jungfrau von Orleans verbrannt wurde, sondern dort wohnt auch mein Bruder Heinz. Seine neue Frau heißt Colette, eine Französin. Was er wohl sagt, wenn wir so plötzlich vor der Tür stehen?

»Petit Quevilly?« Mehrere Leute sind zusammengelaufen und streiten darüber, welches wohl der bessere Weg sei. Direkt nach Petit Quevilly auf der schlechteren oder über Grand Quevilly auf der besseren Straße ... oder, oder. Zum Schluß sind sich alle einig und schicken uns auf die richtige Tour. Den Weg, den man uns gezeigt hat, führt immer weiter aus der Stadt hinaus. Die Häuser an der Straße werden immer spärlicher. Rechts und links jetzt nur noch tristesse, mit Unkraut überwuchertes Ödland, aus dem wie Inseln Müllberge und alte Autowracks ragen. Aus der Ferne sind ganz leise Beifall und, kaum wahrzunehmen, die Bruchteile einer Melodie zu hören. Auf einem der freien Plätze hat ein Wanderzirkus haltgemacht. Jetzt tauchen am Straßenrand noch ein paar alte Häuser auf. An der zweiten Tür steht der Name meines Bruders.

Hier scheinen die Rauchsignale außergewöhnlich gut zu funktionieren, denn in ganz kurzer Zeit ist die Bude gerammelt voll. Aus allen Himmelsrichtungen kommen Menschen, die alle wieder neue Menschen mitbringen. Ich kann nicht unterscheiden, wer zur Familie gehört und wer nicht. Ich glaube, manche Leute sind einfach von der Straße mit hereingekommen, die noch nie hier waren. Aber das macht nichts und stört keinen. Immer wieder werden wir von den neu hinzukommenden Frauen mit Wortschwall und scharfen Wangenküssen traktiert, daß wir ganz sprachlos sind. Die Männer hauen uns nur auf die Schulter.

Es ist ein heilloser Radau, das Nichtverstehen, die Sprachschwierigkeiten werden durch Lautstärke wettgemacht. Ein Marcel, mit wieselflinken Augen und einem Bindfaden um den Bauch, der seine Hose hält, öffnet mehrere Flaschen Wein und ein André in einem geblümten Nachthemd bringt Brot und Käse.

Jetzt werden unsere Räder bestaunt. Mein Bruder ist hell begeistert. »Mit so einem Ding möchte ich zu gern auch mal durch die Gegend fahrn, das muß doch das reinste Vergnügen sein. Wie leicht das ist. Ich probier' es mal.« Er schwingt sich auf den Sattel und saust vom Hof. Marcel mit der Bauchschnur winkt noch mit einer halbvollen Flasche hinter ihm her.

Es vergehen zehn Minuten, zwanzig Minuten, Heinz ist weg. Es sind inzwischen noch mehr Leute gekommen, einer hat eine Ziehharmonika mitgebracht, doch Heinz bleibt verschwunden. Die ersten Paare tanzen bereits vor dem Haus. Nach einer dreiviertel Stunde taucht mein Bruder wieder auf dem Festplatz auf. Er trägt das Rad auf der Schulter. Schläuche, Felgen und die besonders starke Kette sind total hin. Als Marcel den Heimkehrer sieht, stimmt er ein altes russisches Trauerlied an. Der Mann, der mit der Ziehharmonika kam, ist Gott sei Dank ein Mechaniker. Er soll gesagt haben, nur die Deutschen sind so perfekt im Kaputtmachen.

Es ist schon eine merkwürdige Truppe, die Heinz da um sich versammelt hat. Nichts da mit germanischem Vorposten, und von einer militärischen Disziplin ist hier alles weit entfernt. Im Gegenteil, hier laufen sie am Nachmittag noch in Schlafanzügen umher. Es ist eben alles ganz anders, nicht schlechter, nur anders.

Weiter geht die Fahrt durchs Land der Franzosen. Morgens wird sich, umringt von staunenden Dorfbewohnern, am Brunnen vor dem Tore gewaschen, mittags essen wir für wenig Geld in einem Gasthof am Rande der Straße oder lassen das Mahl auch mal ganz ausfallen, und am Abend kriechen wir in unser Zelt, das in irgendeiner Ackerfurche aufgebaut ist. Bevor wir die übermüdeten Augen schließen, reden wir uns den vergangenen Tag noch einmal schön. Was wir alles erlebt haben, toll.

Haben wir einmal in den Glückstopf gegriffen, so ist eine Jugendherberge in der Nähe, wo wir auf einem wunderbar weichen Strohsack schlafen können. Die Stadt Angouleme hat so eine Auberge für die Jugend, und den Schlüssel dazu verwahrt der Wirt einer Kellerkneipe. In diese Kneipe wagen sich aber nur ganz Mutige, an ganz hellen Tagen, so ein Rattenloch ist das.

Die Jugendherberge ist hier in einem Stellwerk untergebracht, das wie eine Brücke über die Gleise gebaut wurde. Nun donnern, sausen und zischen alle paar Minuten Eil- oder Güterzüge mit großem Radau unter unseren Betten hindurch. Dabei bebt das ganze Haus. Total genervt, satteln wir mitten in der Nacht unsere Stahlrösser und suchen das Weite.

Peter hat's erwischt. Er liegt mitten auf der Straße und will nicht weiter. Wie von Sinnen schreit er uns an: »Ich mach' den ganzen Quatsch nicht mehr mit. Fahrt doch zum Mond oder dahin, wo der Pfeffer wächst. Ihr habt ja Luft im Hirn. Ich kann euch schon die ganze Zeit nicht mehr sehen, ihr Säcke!«

Immer wieder, bestimmt zum zehnten Mal, beginnt der Beamte von der Guardia Civil unsere Pässe durchzublättern. Er kommt nicht dazu, uns abzufertigen, weil er sich immer wieder selbst unterbricht. Erst schaut er in der Gegend herum, dann ruft er ein lautes »Moment!« und läßt andere Touristen vor. Und wir warten weiter. Die meisten Grenzgänger sind mit dem Auto vorgefahren, daher ist die Logik des Beamten auch ganz einleuchtend: Wer ein Auto hat, hat auch Geld und wer Geld hat, der hat auch was zu sagen, und wer was zu sagen hat, der braucht auch nicht zu warten. Basta! Zweiradfahrer zählen nicht. Müll! Nebenbei kommen wir auch noch aus dem Land, von dem er ganz schön enttäuscht wurde. Wie konnten die nur den Krieg verlieren? Für die alten Deutschen, da hat er noch eine gewisse Sympathie, aber für dieses junge Gemüse, die wollen doch nur Negermusik hören und Coca-Cola trinken. Schon wieder ertönt ein lautes »Moment!«

Auf erbärmlich miesen Landstraßen fahren wir in Richtung Madrid. Nur selten überholt uns ein Auto, und wenn, denn eins aus der Baureihe anno Tobak. Endlose Kaktusgebüsche, Feigenplantagen und Olivenhaine wechseln sich am Wegesrand ab, darüber ein azurblauer Himmel und eine flimmernde Hitze. Dorfbewohner, die mit zusammengekniffenen Augen am Straßenrand stehen, betrachten uns wie Wesen aus einer anderen Welt. In ihren schwarzen Gewändern sehen sie aus, als würden sie Dauertrauer tragen. Wenn wir einmal rasten, stehen sofort viele Menschen in einem dichten Pulk um uns herum. Sie beobachten alles ganz genau, jeden Handgriff, jede Bewegung, jede Zufälligkeit. Dabei reden sie kein Wort, eine völlige Stille. Selbst die Kinder, die doch sonst überall herumalbern, stehen schweigend mit im Kreis der Totenvögel.

Die Natur hier ist uns genauso abweisend gesonnen. Die Berge, über die wir fahren, hassen uns. Sie mögen keine Fremden und recken uns ihre steinigen Buckel entgegen. Sie schleudern uns Sand und Steine ins Gesicht und zwingen uns zum Fluchen und zur atemlosen Wut. Am liebsten würden wir uns einfach fallenlassen und nicht wieder aufstehen. Verflucht sei der Tag, als diese Wahnsinnsidee geboren wurde.

Der tote Punkt, Männer, keine Müdigkeit vortäuschen! Eine neue Steigung ist in Sicht. Hoch vom Sattel und im Wiegeschritt, mit aller Kraft in die Pedalen tretend, erreichen wir keuchend die nächste Bergspitze. Anhalten, Luftschnappen, Ausruhen und dann wieder talwärts. Aber Achtung! So eine Abfahrt hat es in sich, wenn einer die Kurve nicht richtig anpeilt, kann er schneller wieder im Tal sein, als ihm lieb ist. Und schon wieder geht die Plagerei los, der nächste Berg, den dritten Gang rein, der nächste Gipfel. Hoch vom Sattel und mit pfeifenden Lungen wird der nächste Steinhaufen bezwungen. Den wievielten?

»Heil Hitler! Ich Blaue Division, hast du Eckstein für mich?« Wir sitzen in einem Straßencafé im Zentrum von Madrid. Vor uns steht ein Mann, der die rechte Hand zum Nazigruß erhoben hat und mit zusammengeschlagenen Hacken darauf wartet, daß ihm einer von uns was zu Rauchen anbietet. Mißbilligend ziehen einige Herren am Nebentisch ihre Augenbrauen in die Höhe. Nicht wegen des Hitlergrußes, nein, daran kann man nichts finden, sie ärgern sich darüber, daß ein stolzer Spanier, ein Cabalero, fremde Menschen anbettelt, unmöglich! Fremde spricht man nicht an, die läßt man ansprechen. So wie man Domestiken und niederes Volk nur heranpfeift oder mit Zischlauten oder Fingerschnalzen auf Trab bringt. Uns fällt auf, daß das Straßenbild in Spaniens Hauptstadt überwiegend von Männern beherrscht wird. Die Herren sitzen in Gruppen und Grüppchen zusammen, reden mit Händen und Füßen, besonders von Stierkampf und Fußball und schlendern eingehakt, wie richtige Ehepaare, durch den seidenweichen Abend. Frauen und Mädchen haben ganz offenbar Sperrstunde und müssen das Heim hüten.

Mag Spanien noch so schön sein, es geht mir langsam auf die Nerven. Das ewige Radebrechen, die gnadenlose Sonne und der ständige Durst. Könnte es nicht mal so richtig regnen? In Gedanken bin ich schon auf der Heimreise. Meinen Kopf, der pendelnd über dem Lenker hängt, bringe ich schon gar nicht mehr in die Höhe und mein Hirn zählt wie ein Tachometer nur noch die gefahrenen Kilometer.

Schon wieder plagt uns dieser entsetzliche Durst. Dort, die zerfallene Hütte, vor der das alte Coca-Cola-Schild hängt, scheint eine Kneipe zu sein. Drinnen ist es dunkel, das Auge muß sich erst an die Dämmerung gewöhnen. Es gibt keine Theke im Raum, keine Tische und keine Stühle, nur ein paar Kisten und Mauersteine liegen herum, auf denen man hocken kann. Zwei Kinder kriechen auf dem Boden herum und lecken leere Dosen aus. An der Wand lehnt ein Betrunkener, dem ein Rinnsal aus der Hose läuft. Es riecht streng. »Hallo, ist da wer?« Keine Antwort. Doch, was ist das? Ein kaum zu vernehmendes Wimmern ist zu hören. Ängstlich gehen wir den Klagetönen nach und finden im Nebenraum einen Mann auf dem Boden liegen. Er windet sich vor Schmerzen, und Tränen laufen ihm übers Gesicht. Was ist mit ihm? Haben ihm Banditen, Zechpreller oder gar die eigene Frau Gift in den Kaffee getan? Sollen wir die Polizei oder den Arzt holen? Aber wie? Der Mensch quält sich tierisch, doch plötzlich hört er auf zu klagen, und ein Leuchten huscht über sein Gesicht, ein gewaltiger Körperwind entweicht und der Mann springt auf die Beine.

Gnadenlose Hitze und quälender Durst in Spanien

»Auf in den Kampf To-re-e-e-r-o! Siegesbewußt...« Ein bunt angezogenes Orchester macht schlechte, dafür aber um so lautere Musik. Besonders die Trompete hat einen miserablen Tag erwischt, ihr schräges Getute liegt weit vom guten Ton entfernt.

Ich sitze eingeklemmt auf einem der billigen Plätze in der Arena von Sevilla. Neben, über und unter mit sitzen Spanier, die mit zappelnder Ungeduld auf die kommenden Ereignisse warten. Zu den teuren Plätzen wird jetzt eine amerikanische Reisegruppe geführt. Die Herren mit schwerem Filmgepäck und die Damen mit Erwartungsfreude im Gesicht. Immer wieder rufen sie »Olé« und können die Zeit kaum abwarten. Ein Trompetenstoß. Die Menschen verstummen. Nur noch ein einzelnes dünnes »Olé« ist zu hören. Ein zweites, ein drittes Signal, nun marschieren im Gänsemarsch zwölf Toreros in farbigen Trachten in die Mitte der Arena. Sie sind bewaffnet mit Lanzen und Piken. Ihr Anführer trägt einen Degen, der in der Sonne blitzt. Vor der Ehrentribüne machen sie alle halt und einen artigen Diener, dabei nehmen sie ihr Mützchen vom Kopf und den Beifall des Publikums entgegen. Ein dicker Mann in der Loge, mit einer zauberhaften Uniform, grüßt nach allen Seiten. Die Menschen klatschen stärker, und die Kapelle bläst noch einmal kräftig durch.

Jetzt saust der Stier in die Arena. Bleibt einen Moment stehen, scharrt mit den Hufen, wedelt mit dem Schwanz und schaut nach allen Seiten. Er sucht bestimmt jemand zum Spielen. Im Laufschritt tauchen zwei Mann mit langen Piken auf, die sie auf das Tier werfen. Einer wirft weit vorbei. Holla, der Bulle ist erstaunt. Nun kommen zwei neue Männer, diesmal mit Lanzen, die sie auch wieder werfen. Eine Lanze trifft. Sehr großer Beifall brandet auf. Die Geduld des Tieres scheint am Ende zu sein, sein Geschnaufe hört man bis zu meinem Platz im dritten Stock.

Eine ältere Amerikanerin hat vor lauter Aufregung ihre Handtasche auf den Kampfplatz fallen lassen. Dunkelrotes Blut läuft nun an beiden Flanken des Stieres zu Boden. Er beginnt zu torkeln und zu schwanken, wie ein betrunkener Seemann. Der fesche Degenträger von vorhin erscheint jetzt erneut, nun mit einem roten Tuch, was wie ein Regenumhang aussieht. Damit wedelt er wie wild in der Gegend herum, begleitet von merkwürdig verkrampften Posen, die er direkt vor der Nase des Tieres macht, welches dieses Getue aber schon gar nicht mehr richtig wahrnimmt.

Der Schlachtruf »Olé« schwillt nun zum Orkan an, stehend, mit erhobenen Armen verfolgen die Menschen den letzten Akt. Die Amis können gar nicht so schnell die Filmkassetten wechseln. Der Degenträger legt jetzt das rote Tuch zur Seite und versucht sich im Angriff. Das Opfer, geschwächt durch den großen Blutverlust, steht zitternd da und wartet auf sein Ende. Nun nimmt der Mann mit kurzen trippelnden Schritten einen Anlauf und sticht zu. Doch die Waffe zerbricht, ein Teil steckt im Bullenrücken, das andere fällt zu Boden. Sehr, sehr dünner Beifall. Ein neuer Degen, ein neuer Anlauf, nun klappt's, Stier tot!

Riesenbeifall. Jetzt hat auch die Trompete endlich den richtigen Ton gefunden. Das gleiche Schauspiel gibts laut Programm noch fünfmal an diesem Nachmittag. Nach dieser Nummer gehe ich.

Das eigentliche Leben und Treiben im südlichen Spanien beginnt erst am Abend, wenn die Sonne untergegangen ist und Kühlung eintritt. Dann schlendern die Menschen durch die Straßen der Stadt, sitzen vor ihren Häusern und schwatzen mit ihren Nachbarn auf den Bänken im Park. Überall schieben sich die Leute hauteng aneinander vorbei, Blinde suchen lautstark Käufer für die Lose der Nationallotterie. Zigeunerinnen mit roten Nelken hinterm Ohr und kleinen Babys auf dem

Arm strecken uns bettelnd die Hände entgegen, und Schuhputzer bieten ihre Dienste an.

Kleine dünne Mädchen, keine vierzehn Jahre alt, sprechen flüsternd alte Männer an. Neben uns, auf der Parkbank, sitzt ein würdiger Priester, mit einem Bart, der ihm bis zur Brust reicht. Jetzt winkt er eins von diesen Flüstermädchen zu sich, tuschelt mit ihm, berührt, wie unbeabsichtigt ihre Brust, sie nickt und beide verlassen gemeinsam den Park.

Wir durchfahren ungezählte Dörfer, Orte und Städte, machen mal schnell ein Foto, damit wir später sagen können: »Nanu, da waren wir ja auch!« Wir machen unsere Pausen, wie es der Zufall will, einmal vor einer Kaserne, die schmucklos und langweilig in einer gelblichbraunen Einöde liegt. Nur vom Hinsehen schlafen einem die Augen schon ein. Die Fahne hängt traurig und schlaff am Mast, genauso traurig und schlaff sehen die jungen Soldaten aus, die im Schatten der Kasernenmauer auf nichts warten. Einer von ihnen kommt neugierig näher. Die Fetzen, die er am Leib trägt, kann man nicht als Uniform bezeichnen, seine Stiefel haben große Löcher, und sein Käppi mit der roten Quaste rutscht ihm immer wieder über die Augen. Wir verstehen nicht, was er von uns will, er macht mit der Hand immer so komische Bewegungen, was soll das? Als wir immer noch nicht begreifen, wird der Kleine frech und faßt dahin, wo man ganz privat ist. »Nun aber mal Stopp, Amigo! Mach' schnell die spanische Fliege!«

Nun radeln wir ununterbrochen am Mittelmeer entlang, das wirklich so unglaublich blau ist, wie wir es uns gedacht hatten. Wir baden in den herrlichen Fluten, die so klar sind, daß man bis tief auf den Grund sehen kann. Endlich richtiger Urlaub! Hier kann man leben, wenn nur das verfluchte Geld nicht wär! Aber damit sieht es ganz finster aus. Durch die weltberühmten Badeorte fahren wir schneller hindurch, als es uns lieb ist, denn wir fühlen uns nicht so recht wohl unter Menschen, die uns sofort ansehen können, daß wir ganz, ganz arme Schweine sind, die nicht einmal die Luft in ihrem Reifen bezahlen können.

Jetzt sind wir in der Schweiz, man kann Deutschland schon schnuppern und ein paar traurige Märklein klimpern noch im durchgeschwitzten Brustbeutel. Was sollen wir bloß machen, wenn wir die 30 Pfennige für die Jugendherberge nicht mehr haben? Einen Heuschober für die Nacht werden wir wohl noch finden. Einmal haben wir sogar bei der Polizei nachgefragt, ob wir da übernachten könnten, ging aber nicht, weil die einzige Zelle, die noch frei war, schon von einem Hühnerdieb belegt war.

In Göttingen halten wir vor einem Bäckerladen, um für zehn Pfennige, die Heiner noch in seinem Flickzeug fand, Kuchenabfälle zu kaufen. Die Bäckersfrau weiß nicht, ob sie schimpfen oder lachen soll, denn es kommt bei ihr nicht vor, daß Kunden mit nacktem Oberkörper einkaufen. »Ihr seht aber braun aus, wo kommt ihr denn her?« fragt sie neugierig, dabei nimmt sie eine Tüte, um nach Kuchenabfall zu suchen. »Wir waren zwölf Wochen unterwegs in Spanien, Portugal und Frankreich.« – »Das ist ja eine lange Reise«, sagt die Frau. »Ja, und in Paris, Lissabon und Madrid waren wir auch«, sage ich und merke, daß jedesmal, wenn ein neuer Name genannt wird, ein Stück Kuchen in der Tüte verschwand. Nun war ich nicht mehr zu halten und zählte alle Städte auf, die mir irgendwie noch einfielen, bis hin zu Kassel. Bei Kassel stutzt sie und greift zu einer neuen Tüte. »Was, in Kassel wart ihr auch, das muß ich meinem Mann erzählen. Karl, Karl, komm mal schnell her«, ruft sie in die Backstube. »Hier sind drei junge Buben, die kommen aus Kassel, und was das dollste ist –«, und jetzt macht die gute Frau eine feierliche Pause, »die ganze Strecke mit dem Fahrrad! Mit dem Fahrrad!«

Das 11. Kapitel

erzählt vom Gautschen der Cornuten, von Oskar, dem Hilfsarbeiter, und vom Druckerstreik für fünf Pfennig

»Bitte, nehmen Sie Platz. Ich freue mich, Sie kennenzulernen. Ihre Skizzen, Entwürfe und Drucksachen, die Sie uns in Ihrer Mustermappe zugeschickt haben, haben mir sehr gefallen. Bravo! Sagen Sie mal, wie alt sind Sie eigentlich? So, zwanzig Jahre, schön, aber Sie sehen noch verdammt jung aus. Zuerst dachte ich, ein neuer Lehrling stellt sich bei uns vor. Ha, ha, ha, ein kleiner Scherz am Rande.«

Herr Herms, der so mit mir spricht, ist einer der beiden Chefs der Offizin Paul Hartung. Ein Cäsarenkopf mit hellgrauen Löckchen und einem kurzen englischen Schnauzer, ebenfalls in Grau. Er trägt einen weißen Kittel, der hinten zugeknöpft wird, genauso, wie ihn die Ärzte tragen. Ich habe überhaupt den Eindruck, ich sitze einem erfolgreichen Chirurgen gegenüber, der ab und zu seine schlanken, eleganten Hände betrachtet, sie dann sanft streichelt, um schließlich jeden einzelnen Finger liebevoll zu massieren. Bevor ich mich in dieser Firma vorstellte, habe ich noch schnell im Lexikon nachgesehen, was nun eigentlich Offizin heißt, und da

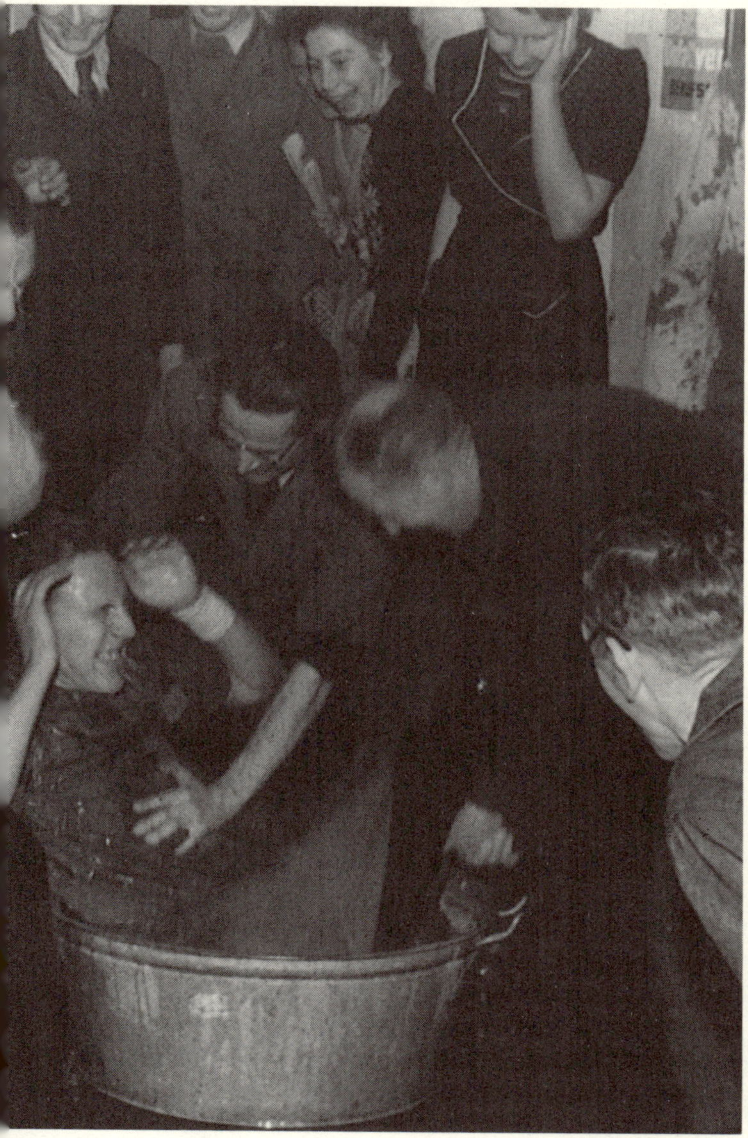

Schriftsetzer

Gautschen, die traditionelle Taufe der Setzer und Drucker, 1952

stand unter diesem Stichwort: Offizin, größere Druckerei oder auch Apotheke. Also, nun weiß ich Bescheid, daher die weißen Kittel, die so elegant hinten geknöpft werden.

Ich stehe in der schönen, modernen Setzerei. Freundliche Kollegen geben mir die Hand, fragen, woher ich komme, wo ich gelernt habe, ein Verhör in netter Form. Erst jetzt bemerke ich, daß ich das Wichtigste bei meinem Einstellungsgespräch vergessen habe: das Geld. Zurück ins Büro. »Ja bitte, wünschen sie noch etwas?« Mit hochrotem Kopf trage ich die Bitte vor, doch über meine Bezahlung noch einige Worte zu verlieren. »Ach ja, die leidige Bezahlung«, sagt der gutaussehende Herr Herms, dabei streicht er sich langsam über den Bart. Diese Bewegung unterstreicht seine Enttäuschung, die Enttäuschung darüber, daß auch dieser Jünger Gutenbergs nicht nur an die Kunst, sondern auch an den schnöden Mammon denkt. »Gut, Sie bekommen eine Mark und zwanzig die Stunde, aber denken Sie bitte daran, erst kommt die Qualität, dann erst die Bezahlung. Statt einer Gehaltserhöhung würde sich mancher glücklich schätzen, wenn er mit dem neuen Material unserer Setzerei arbeiten dürfte. Die Offizin Paul Hartung hat den besten Ruf, bei uns arbeiten nur Spitzenkräfte.«

Die Druckerei arbeitet in einem alten Speicher in der Hammerbrookstraße, rundherum ist freie Sicht, es steht kein Haus in der Nähe, alles Trümmergrundstücke. Hier irgendwo müssen Onkel Gustav und Tante Hella gewohnt haben, genau vor diesem Haus erzählte uns damals der Polizist die schreckliche Geschichte vom Soldaten, der sich erschoß, 1943, nach den furchtbaren Angriffen. Mancher bunte Zugvogel verirrte sich in diese Gegend, um mit den Zaunkönigen der Wissenschaft, wie man die Schriftsetzer respektvoll nennt, um die Wette zu flattern. Eines morgens steht ein langer dünner Mensch mit einem Geigenkasten unterm Arm im Setzereisaal. Er sieht aus wie ein Leichenbitter mit seinem schwarzen Kaftan, der ihm bis zu den Füßen reicht. Während er von der Eingangstür her das muntere Leben und Treiben beobachtet, murmelt er ununterbrochen: »Mein Gott, ist das traurig, mein Gott, wie ist das traurig.« Als ihn einige Kollegen fragen, was ihn denn so erschüttert, gibt er zur Antwort: »Es ist so verdammt traurig, daß ich kein Geld mehr habe und deswegen mal wieder arbeiten muß.« Kurz danach ist er aber wieder mit seinem Geigenkasten verschwunden.

Oskar ist ein skurriler und knorriger Typ, er ist bei uns der Hilfsarbeiter. Seine Aufgabe besteht darin, die Druckformen von der Setzerei in den Maschinensaal zu schaffen. Der alte Speicher, noch aus dem vorigen Jahrhundert, hat an der Außenfront eine alte Winde, die früher dazu diente, Säcke mit Korn und anderem Getreide auf die oberen Stockwerke zu transportieren. Diese Winde zu benutzen, war streng verboten, denn der Zahn der Zeit hatte ihr Getriebe zerstört, sie funktionierte zwar noch, aber nur, wenn sie wollte. Das interessierte aber unseren Oskar überhaupt nicht, denn er meinte, nur er habe die rechte Hand für sie, er, als ehemaliger Matrose sei schon mit ganz anderen Sachen fertig geworden, nicht umsonst habe er doch so manchem Torpedo ins Auge geblickt. Oskar baute sich einen kleinen Transportwagen, den er trotz Verbot der Winde anvertraute. Das ging bis jetzt auch immer gut, denn wie gesagt, er hatte ja die glückliche Hand. Die so eingesparte Zeit wurde zum Rauchen einer oder auch mehrerer Zigaretten auf dem Klo genutzt. Wenn Oskar mit der Zeit knapp war, und das kam öfter vor, wurde das kleine Wägelchen auch schon mal überladen, und dies wurde ihm eines Tages zum Verhängnis. Er hatte sechzehn Seiten Kursbuch geladen. Kursbuch für die Bundesbahn. Eine höllische Arbeit. Für jede einzelne Fahrplanseite braucht ein guter Handsetzer 48 bis 60

Die Setzerei der Offizin Paul Hartung, in der ich als Setzer arbeite

Stunden, nebenbei, der Termin muß strikt eingehalten werden, denn die Eisenbahn wartet nicht. Oskar belädt seinen Wagen und hängt ihn an die Winde, die Winde schwebt, und der Wagen hängt in der Luft. Plötzlich gibt es einen Ruck, der Wagen kippt, die schweren Bleiseiten sausen durch die Luft und lösen sich bereits im Fallen auf. Tausende von kleinen Einzelteilchen prasseln auf den Hof. Auf dem Hof stehen zwei Pferdefuhrwerke, jedes mit zwei riesigen dicken Rössern davor, belgisches Kaltblut, die vor sich hindösen. Einige Männer sind damit beschäftigt, die Rollwagen mit Pfeffersäcken, die aus der Mühle kamen, zu beladen. Pfeifend hageln nun die scharfen Satzteile auf die breiten Pferderücken. Die Vierbeiner werden schier verrückt, aus belgischem Kalt- wird jetzt arabisches Heißblut. Sie springen Figuren, wozu die Lehrer an der Hofreitschule in Wien Jahrzehnte mit ihren Lipizzanern zum Üben brauchen würden. Die Wagen gehen zu Bruch, die Säcke fallen zu Boden und werden zertrampelt, die Tiere werden noch wilder, Pfeffer beißt ihnen in Augen und Nüstern, das Chaos ist perfekt. Feuerwehrleute mit Masken vorm Gesicht und Schaum im Rohr kämpfen zwei Stunden gegen das Inferno. Oskars Jacke hängt noch ein Jahr im Spind, er hat sie nicht wieder abgeholt, seit er fluchtartig die Stelle seiner Untat verließ. Man erzählt sich, daß er direkt von unserer Firma auf ein Schiff geflüchtet sei, das Kurs auf Shanghai nahm.

Hans-Jürgen ist in der Sparte Gesang und Liedgut führend. Er hat seine Lehre gerade beendet und wird von allen Knolle genannt, dabei ist er dünn wie eine Bohnenstange, man hat den Eindruck, sein Bauchnabel ist am Rückgrat festgewachsen. Auf dem langen Körper sitzt ein etwas zu klein geratener Kopf, der durch eine dicke Hornbrille markant gemacht wird. Wenn er am Setzkasten steht, zappelt und juckelt er herum, als hätte er Ameisen in der Hose. Nicht einen Moment kann er stillstehen, seine Beine sind außer Kontrolle, Be-Bop-Schritt vor, Be-Bop-Schritt zurück, Be-Bop-Schritt zur Seite, so geht es den ganzen Tag. Ununterbrochen murmelt er Schlagertexte, die er aus kleinen Liederbüchern auswendig lernt. Er kann auch Verse schmieden und auf allen möglichen Instrumenten Musik machen. Die Musiker bescheinigen Knolle eine große Zukunft als Typograf, und die Typografen sehen in ihm den zukünftigen Star der Musikszene.

Seppl ist wieder ganz anderer Art, er ist der Kauz unter uns. Er ist schon Mitte Fünfzig, hat nur wenige blonde Haare, die er artig gekämmt auf seinem Kopf trägt. Er ist von kleiner Statur und steht am liebsten auf den Zehenspitzen, er gleicht einem Spatz, der immer zu viel Dampf unterm Flügel hat. Ständig steckt er seinen Schnabel in eine Bierflasche, denn ohne Bier kriegt er keine Zeile so richtig hin. Seine richtige Arbeit beginnt erst, wenn die anderen Feierabend haben, dann lebt er so richtig auf. Der Reihe nach besucht er dann alle seine Stammkneipen, und er hat viele. Voller Freude steht er am Tresen und sagt Gedichte auf, egal ob sie jemand hören will oder nicht. Manchmal, an seinen politischen Tagen, klettert er auch auf einen Tisch und singt die Internationale. Er ist ein Meister der Überredungskunst, der Mitläufer sucht, wenn er seine große Ehrenrunde dreht. Er lockt und schmeichelt so lange, bis sich einer oder mehrere bereitfinden, mit ihm auf Tour zu ziehen. Besonders gern geht er dann mit uns in eine alte Kneipe an der Langen Reihe. Dort steht gleich neben der Tür ein altes Polyphon. Das ist ein Apparat, auf dem eiserne Platten mit eingestanzten Löchern abgespielt werden. Jeden Abend taucht dort, immer zur gleichen Zeit, ein alter Mann auf, er trägt zu seiner schwarzen Pellerine einen riesigen Schlapphut, Marke Fürst Bismarck, dazu begleitet ihn eine große Dogge. Laut stöhnend läßt er sich auf seinem Stammplatz nieder und ruft mit dröhnender Stimme und ungarischem Dialekt durchs Lokal: »Ein grroßes Bierr und fier zeehn Pfännich Valencia, bittascheen!« Die Platte dreht sich, und der alte Schlager erfüllt mit seiner metallischen Melodie den verrauchten Raum.

Einmal im Jahr ist in der Offizin die Gautschfeier. Die traditionelle Taufe der Setzer und Drucker. Haben die Lehrlinge ihre Ausbildung hinter sich, so wird mit dieser Zeremonie der Dreck und die Hudelei der Lehrzeit abgewaschen. Die Cornuten oder zu deutsch Halbgesellen werden von Packern ergriffen und in ein riesiges Wasserfaß gestopft und mehrmals getaucht, der Schwammhalter drückt dem armen Gäutschling einen riesigen Schwamm ununterbrochen ins Gesicht. Die ganze Belegschaft schaut mit sichtbarer Schadenfreude zu, wie dem armen Opfer langsam, aber sicher die Luft ausgeht. Ist die Tortur beendet, werden Bier und Schnaps ausgeschenkt, und das traditionelle Gelage beginnt. Aus alten Urkunden erfuhren wir, daß die Gautschfeste bis um das Jahr 1800 herum für die Cornuten eine äußerst kostspielige »Freude« bedeutete. Mit fröhlichem Schmaus und Trank wollte so ein Fest schier kein Ende nehmen. In Sack und Asche blieben die armen Halbgesellen auf der Strecke. So war es kein Wunder, das Österreichs Landesmutter Maria Theresia als erste den Gäutschlingen ihren Beistand lieh und durch Gesetzesdekret dem rauhen Treiben Einhalt gebot. Mich kostete das Vergnügen einen Wochenlohn, das ist so üblich, und dafür bekam ich meinen Gautschbrief.

Zum erstenmal nach dem Krieg wird in der Druckindustrie gestreikt. Vierzehn Tage arbeiten wir nicht, wir wollen 10 Pfennige mehr Stundenlohn haben. In der ganzen Bundesrepublik stehen die Maschinen still, der kleinste Druckautomat und die größte Rotationsmaschine. Nach Ende des Streiks bekommen wir 5 Pfennig mehr auf unseren Ecklohn. Ich verdiene jetzt, im Sommer 1954, 1,80 Mark in der Stunde. Neulich las ich, daß die Sängerin Anneliese Rothenberger in der Hamburger Staatsoper 800 Mark pro Abend kassiert und Caterina Valente sogar mit 2500 Mark nach Hause geht.

Der deutsche Michel soll wieder Soldat werden, und das will er nicht. Mit allen Kollegen meiner Setzerei marschieren wir die Hammerbrookstraße hinunter zur Demonstration auf dem Rathausmarkt. Zuerst wollte ich gar nicht mitgehen, aber Seppl ließ mich überhaupt nicht aus den Augen und quengelt ununterbrochen was von Klassenkampf, von Krupp und Nazi-Kriegsverbrechen, bis ich schließlich mitkam. Am Rathausmarkt bin ich total überrascht: Daß so viele Menschen zusammenströmten, hätte ich nicht gedacht. Über 200 000 sind gekommen. Sie alle schreien »Nein! – Nein, wir wollen keine Waffen, nein, wir wollen keine Soldaten!«

Überall sieht man rote und schwarz-rot-goldene Fahnen, Plakate werden hochgehalten, auf denen steht: Ich will gute Arbeit leisten, aber kein Gewehr tragen. Seppl hat eine rote Nelke im Knopfloch und stimmt schon wieder die Internationale an.

Das 12. Kapitel

erzählt vom Marktplatz der Aktualität, von Sir Henri und von Fietes Frikadellenschmiede

Kleine Redaktionen sind wie kleine Kinder. Verspielt, oft zu laut, schreien ohne Grund, sind unberechenbar und machen sich, genau wie unsere lieben Kleinen, manchmal noch kräftig in die Hose.

In so einer kleinen Redaktion arbeite ich jetzt. Sie ist zwar schon sieben Jahre alt, kann schon fließend lesen und schreiben, ist aber noch für alle Kinderkrankheiten bös anfällig. Erst gestern wurden Leute, die am Pressehaus vorbeigingen, aus unseren Fenstern mit Wasserbomben beworfen. Ungeklärt ist immer noch ein Schwelbrand: Aus den Kabinen des Paternosters drangen pechschwarze Wolken und hüllten in Minutenschnelle das ganze Haus ein. Die Feuerwehr hatte einen Großeinsatz, und die Kriminalpolizei war auf der Suche nach »angesengeltem« Filmmaterial, auf dem Mitglieder der Redaktion zu erkennen waren. Die Behörden rätseln noch, ob es Brandstiftung, Sabotage oder ein Böser-Buben-Streich gewesen war.

»Bin ich denn nur von Halbstarken umgeben«, entrüstete sich Henri Nannen in gutgespielter Empörung, als

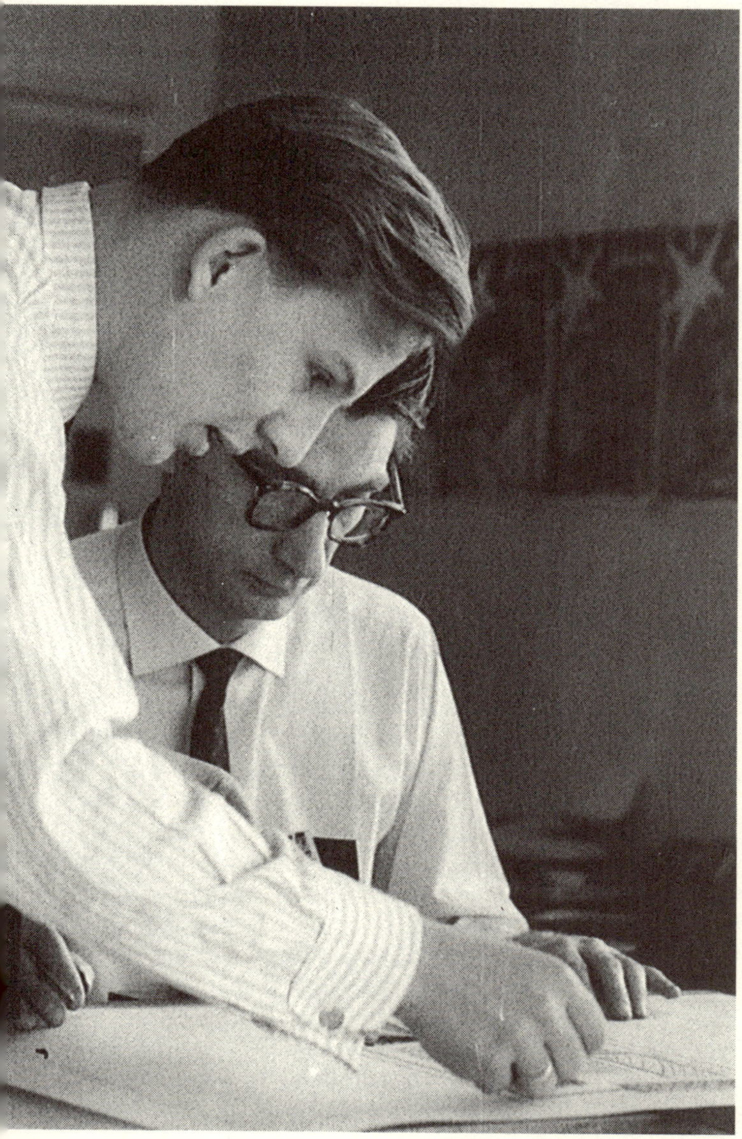

Grafiker

Chefgrafiker Franz Kliebhan zeigt mir, wo's beim »Stern« langgeht, 1958

die Polizei bei ihm vorsprach. Dabei munkelte man in eingeweihten Kreisen, daß er mit von der Partie, ja sogar ihr geistiger Anführer gewesen sein soll. Bei solchen Wutausbrüchen des Alten verkrochen sich alle »Halbstarken« in ihren winzigen Zimmerchen wie die Schulbuben. Sie sind ja auch alle nicht viel älter, so um 25, 26 Jahre herum, nur der Chef vom Dienst, Herr Wolber, ist steinalt, er ist schon 42.

In meinem Zimmer, das Atelier genannt wird, riecht es nicht gut. Daran sind die Chemikalien im angrenzenden Fotolabor schuld. Mein Schreibtisch ist mit Brandstellen übersät, Narben, die ihm verglimmte Zigaretten zugefügt haben. Mein Vorgänger, der ein hektischer Kettenraucher war und stets mehrere Glimmstengel zur gleichen Zeit unter Dampf hatte, ging mit der Glut sehr sorglos um. Zwei- bis dreimal in der Woche soll früher mal der Papierkorb, die Gardine oder die Tischplatte gebrannt haben. Die grauen Wände sind mit Zeitungsausschnitten und vergilbten Überschriften beklebt. Die Sitzgelegenheiten sind alt und verschlissen. Auf meinem Stuhl sieht man noch einen Adler mit dem Hakenkreuz in den Klauen, zwar schemenhaft, aber man sieht ihn noch. Ein Erbstück vom »Hamburger Tageblatt«. Wenn man aus dem Fenster sieht und sich arg verdreht, kann man den Turm der Katharinenkirche sehen.

Unentwegt wieseln Menschen in mein Zimmer und geben vor, andere Menschen zu suchen. Haben sie die dann endlich gefunden, wissen sie nicht warum sie die gesucht haben. Fotos werden auf den Tisch geworfen, Hände wühlen darin herum, planlos wird dieses oder jenes herausgezogen, betrachtet und wieder auf den Haufen geworfen. Einer von den Wühlern sagt ganz laut »Scheiße«.

Auch ich sage »Scheiße«, aber ganz leise und für mich. Ein halbes Jahr bin ich nun schon hier und immer noch der Neue. Nervosität und Unruhe spielen hier die erste Geige, wer am besten alles durcheinanderbringt, wer schön chaotisch rumackert, der ist ein Macher, ein Profi. Ruhe und Ordnung sind Fremdworte für unterbelichtete Mittelbürger. In einer Redaktion hat es zu fetzen, auch wenn der See noch so still ruht. Jede Seite und jeder Artikel muß in allerletzten Sekunde mit heraushängender Zunge und den schwersten Geburtswehen geboren werden. Selbst wenn wir fertig sind, wird weiter ge- und verändert. Große Fotos schrumpfen zu Minibildern und winzige Vorlagen werden zu Riesenmonstern aufgeblasen. Was am Morgen noch Spitze war, ist am Abend Futter für den Papierkorb.

Wenn die Glocken von den Kirchtürmen in der Hamburger Innenstadt zum Abendgebet rufen, fangen wir erst richtig an, denn richtige Redaktionen arbeiten immer im Dunkeln. Ein Privatleben findet nicht statt, und eine Ehe bekommt einen Knacks, bevor sie überhaupt angefangen hat, eine Ehe zu sein.

»Einer trage des andern Last«, diesen schönen Trauspruch gab uns Pastor Brodmeier mit auf den Weg in unsere junge Ehe. Meine Frau und ich hatten eigentlich vor, unsere Hochzeit und unsere Trauung allein zu gestalten. Wir wollten irgendwo hinfahren, um dann aus der Ferne als Frischvermählte zu grüßen. Da hatten wir aber die Rechnung ohne den Wirt, nein, was noch viel schlimmer ist, wir hatten die Rechnung ohne meine Mutter gemacht. »Wie bitte, ich höre wohl schlecht, eine Hochzeit ohne uns? Daß könnt ihr uns doch nicht antun!« Waren ihre Worte, und tränenerstickt fuhr sie fort: »Womöglich wollt ihr mit fremden Menschen feiern, wenn die euch mehr bedeuten. Dann fahrt doch zu den Hottentotten. Ich sage euch nur, hier wird geheiratet, im Kreise der Familie, sonst sind wir geschiedene Leute. Ich habe mich doch so darauf gefreut, mal alle so richtig zu bewirten.«

Und nun ist ihr großer Auftritt da. Der Riesenbraten spielt die Hauptrolle, er ist so wichtig, daß sie nicht einmal die Zeit hat, mit in die Kirche zu gehen. Von diesem Braten muß sie in den Hungerjahren ununterbrochen geträumt haben, denn er ist für sie das Symbol für Frieden und Wohlstand, und keine Macht der Erde wird sie zwingen können, von seiner Seite zu weichen. Endlich Vollbauchessen, Fettlebe, so nach rechter Mecklenburger Art. So ein Fest ist doch nur ein Fest, wenn Essen und Trinken in Hülle und Fülle und im Übermaß aufgetischt werden. Wenn man so viel in sich hineinstopft, daß es oben wieder rauskommt, dann ist alles rundherum gelungen. Keine Schusterhochzeit von Menschen, die hinten nicht hochkommen. Immer wieder hört man sagen: »Nun langt mal tüchtig zu, wir habens ja.«

Das Brautpaar ist auch da, stört aber irgendwie. Onkel und Tanten, die alle schon sehr alt sind und die wir kaum kennen, führen das große Wort. Sie brachten Geschenke mit, für die wir uns artig bedanken, auch wenn wir sie überhaupt nicht mochten. Die Alten erzählen durcheinander und ununterbrochen von alten und ganz alten Zeiten, verwechseln Peter und Paul, mir und mich und wissen, da sie älter sind, alles besser.

Bruder Heinz ist nicht nur mein Trauzeuge, sondern auch der Mittelpunkt der Gesellschaft. Immer wieder wird er aufgefordert: »Nun erzähl' uns doch mal ganz ehrlich, wie die Franzosen so sind.«

Der Tag ist zu Ende, Gerti und ich sind froh.

Die sonst so forsch auftretenden Redakteure bewegen sich auf Zehenspitzen, und die ewig plappernden Sekretärinnen sind verstummt. Der Boß hat schlechte Laune, sauschlechte sogar. Den Zwei-Zentner-Mann quälen Blähungen. Er hat schon mehrfach nach sonst so bewährten Hausmitteln geschickt. Nichts hat geholfen.

Molièrehaft sitzt er in seinem Sessel, umgeben von seinen Getreuen, die sofort bereit wären, ihm die Schmerzen abzunehmen.

Vor nichts fürchtet sich unser Tsai-Pan, denn er kennt keine Angst, sie ist ihm fremd. Doch vor Krankheiten hat er unheimliche Manschetten, ununterbrochen lauscht er in sich selbst hinein, um sofort eine Diagnose zu stellen. Hustet er, sind das die typischen Anzeichen des Lungenkrebses, bei Bauchschmerzen liegt schon der Magenkrebs auf der Lauer, und selbst beim harmlosen Muskelkater wird irgendein anderer Krebs dafür verantwortlich gemacht. Mehrfach haben ihn international bekannte Ärzte von Kopf bis Fuß genauestens untersucht und kamen immer wieder zum gleichen Ergebnis: Der Mann ist kerngesund. Diese Resultate wurden von ihm als Stümperei abgetan, denn er konnte sich schon seinen Reim darauf machen: Entweder die Ärzte waren, wie er ja schon immer vermutete, Stümper, oder, was noch viel schlimmer wäre, sie haben Erbarmen und wollen ihm seinen frühen Tod nicht mitteilen.

Heute will der Kollege Paul-Heinz die Gelegenheit beim Schopfe packen und versuchen, sein Gehalt durch ein Gespräch mit dem Chef etwas aufzubessern. Die Chancen stehen nicht schlecht, denn das Haus ist leer, Sonnabendnachmittag. Paul-Heinz legt sich noch ein paar Sprüche zurecht, bevor er in den vierten Stock zu seinem Meister steigt. »Guten Tag Herr Nannen, ich wollte ...«

»Nanu, was machen sie denn noch hier Karl-Heinz?«

»Paul-Heinz«

»Wie bitte?«

»Ich heiße Paul-Heinz, nicht Karl ...«

»Ach so, na, wo drückt denn der Schuh?«

»Ja, wie soll ich anfangen? Ich ...«

»Am besten am Anfang.«

»Ja, haha. Also, ich habe in der letzten Zeit, äh, ich meine, es wäre gar nicht schlecht, äh, ich habe mir gedacht, äh, könnte es sein, daß ...«

»Mein lieber Freund, ich verstehe kein einziges Wort. Sind sie wegen einer Gehaltsaufbesserung gekommen?«

»Ja Herr Nannen« kommt es erleichtert über die Lippen des Redakteurs.

»Also, mein lieber Karl-Heinz ...«

»Paul-H ...«

»Was is?«

»Nichts, gar nichts Herr Nannen.«

»Also, mein lieber Karl-Heinz ...« Und während er mit ihm spricht und ihm dabei väterlich den Arm um die Schultern legt, schlendert er ganz langsam mit ihm wie zufällig zum Fenster. Dort bleibt er stehen und schaut nach unten. Plötzlich deutet er auf einen ganz kleinen Baum, der am Rande des großen Parkplatzes ein jammervolles Schattendasein führt. Durch Autoabgase und Hundedreck geschädigt, ist die Linde nicht größer als drei Meter geworden.

»Sehen sie den Baum da unten?« fragt er. Paul-Heinz ist einen Moment verunsichert und denkt, der Chef will seinen Reporterblick testen, daher antwortet er schnell:

»Selbstverständlich sehe ich ihn.«

Nannen zeigt daraufhin mit einer weitausholenden Geste auf den Parkplatz und sagt: »Wenn dieser Baum mein Zimmer verdunkelt, dann dürfen sie wieder kommen mein lieber Karl-Heinz, wegen einer Erhöhung.«

In der Art eines Barockfürsten regiert Sir Henri seine Redaktion. Wer zu ihm gerufen wird, hat immer ein schlechtes Gewissen und weiche Knie. Die Ja-Sager und Silberdiener, die gläubig an den Lippen des großen Meisters hängen und denen man bei örtlicher Betäubung ganz offenbar das Rückgrat entfernt hat, beherrschen ganz eindeutig die Szene.

Dies alles ist nicht nach meinem Leisten. Ich will eigene Ideen entwickeln und mich nicht für jeden Fliegendreck anbrüllen lassen. Also, schnell weg aus dem Regierungsbezirk dieses Duodezfürsten. Hier stimmte ja überhaupt nichts, nicht einmal das Horoskop, das jede Woche gedruckt wird. Stand doch tatsächlich am Tag, als ich anfing, im Januar 1956 unter Steinbock: Vertragliche Angebote, die man ihnen macht, sind vorteilhaft. Sie haben alle Chancen, sich wesentlich zu verbessern. – Chancen, von wegen. Überall stand: »Besetzt«

Als ich mit meinem Vater über eine eventuelle Kündigung sprach, war er nicht meiner Meinung und riet mir: »Geh man nicht so schnell weg. Ein Jahr mußt du aushalten, selbst wenn du beim Teufel im Sold bist.« Beim Teufel war ich nun grade nicht in Lohn und Brot, aber irgendeiner überirdischen Macht muß ich wohl doch in die Hände gefallen sein, denn jeder sagt doch: »Der liebe Gott weiß alles, doch Nannen weiß alles besser.«

Klatsch- und Tratschgeschichten stehen in unserem Blatt ganz oben. Der liebe Leser soll doch wissen, daß Gary Cooper, der Pistolenheld aus Amerika, bei einem Seitensprung auf Schwedens erotischer Wunderwaffe Anita Ekberg erwischt wurde. Auch Serien aus Opas Film sind heiß begehrt. »Das gab's nur einmal« ist ein Riesenrenner. Doch schiere Tränen der Rührung steigen uns allen in die Augen, wenn wir miterleben dürfen, wie Grace Kelly, der Star aus USA, im Begriff ist, den Zwergstaat Monaco mit ihrer Liebe und ihrer Schönheit zu retten. In unserem Blatt kann man lesen, wie das Volk der Monegassen seinen kleinen verschüchterten Fürsten zur Brautschau um die halbe Welt hetzt, und wie dieser nach langem, leidvollem Weg endlich die große, alles verzehrende Liebe findet. Das ist schon was! Da wird einem richtig warm ums Herz. Und wer immer noch nicht genug hat, für den greift Mutter

Grace Kelly soll Maco retten

Vom Volk auf Brautschau geschickt, fand Fürst Rainier erika endlich seine große Liebe

Diese Seiten wurden in der Woche, als ich beim »Stern« anfing, gemacht …

Der Schuß ging nach hinten lo

… und wurden am 16. Januar 1956 am Kiosk verkauft

Kelly persönlich zur Feder und schreibt alles hurtig auf, was sich bei den Kellys so getan hat und noch tut.

Das Blatt »macht« Karlchen, so nennen wir ihn alle, wenn er nicht in der Nähe ist. Andere nennen ihn Till Einspiegel. Vom Einspiegeln, dem grafischen Einrichten der Seiten. Mit sehr vielen bunten Farbstiften versucht er Illustrierten-Seiten zu entwerfen. Die Entwürfe sehen wie die Erstlingswerke von Kleinkindern einer Malschule aus. Er ist Mitte Fünfzig, eine Respektsperson und hat feines schütteres Haar. Er spricht das »sp« noch spitzer aus, als es die feinen Leute in Blankenese es tun. Auch ist er immer sehr elegant gekleidet, vorzugsweise in Pfeffer und Salz, die Fliege ist modisch gepunktet und die Schuhe haben oft Dackeldecken. Im Sommer trägt er einen Strohhut. Zigaretten raucht er aus besonders langen Spitzen. Seine Lieblingsschauspielerin ist Marlene Dietrich, die er über alles verehrt. Durch eine Gesichtslähmung kann er nur eine Mundseite bewegen, dadurch wirkt er wie ein mensurgeschädigter Gardeoffizier. Dabei ist Karlchen nie Soldat gewesen, geschweige Offizier.

Zur Entspannung und zum Mittagessen geht man rüber auf die andere Straßenseite zu Fiete Melzer. Vorn in Fietes Kneipe riecht es nach frischen Frikadellen und hinten nach »Herren«. Zu Fiete kommt auch keine Laufkundschaft, sondern nur Stamm. Wen Fiete mit seinem Namen anspricht, der hat auch einen. Zu allen anderen sagt er einfach nur »Du«. Die, die er gern mag, die nennt er »Dicker«. Bei ihm gibt es auch keine Speisekarte, es wird gegessen, was auf den Tisch kommt. Wem dieses Essen nicht schmeckt oder was noch viel schlimmer ist, wer seinen Teller nicht leer ißt, braucht überhaupt nicht wiederzukommen, der kann sich gleich ein neues Lokal suchen. Fietes Preise sind beweglich und demokratisch: Wer viel verdient, bezahlt auch viel, wer wenig in der Tasche hat, braucht auch wenig zu berappen. Chefs, Angeber und Aufschneider löhnen oft für Sozialfälle mit, ohne es zu wissen. Fiete ist ganz stolz auf seinen von ihm erfundenen Mittagstisch-Lastenausgleich.

Um den großen runden Tisch mit dem Wahnsinnskrónleuchter darüber drängeln sich Leute aus allen möglichen Zeitungen und Redaktionen. Aus der »Zeit«, dem »Spiegel«, vom »Stern« und von der »Morgenpost«, Rudolf Augstein und Richard Gruner, Josef Müller-Marein und Henri Nannen. Josi von Ferenczy versucht mit großer Beredtsamkeit, eine neue Serie an den Mann zu bringen, und Henry Kolarz quetscht sich mit aller Gewalt auf den Platz neben Henri Nannen.

Fiete steht hinter dem Tresen und poliert seine Gläser, auf einem Barhocker davor sitzt Jürgen und brabbelt unverständliches Zeugs vor sich hin. Es ist noch heller Vormittag, aber Jürgen hat schon mächtig einen unter dem Scheitel. Hin und wieder hört man Wortfetzen: Arsch, Blödmann, Blutsauger, Menschenschinder. Jetzt mischt sich Fiete ein: »Jürgen, nun hör aber mal auf, das ist ja nicht zu ertragen, wenn du sauer bist, mußt du das dem Alten selber sagen. Sonst geh nach Haus.« Darauf Jürgen: »Mach ich«, steht auf, wankt zum Telefon und hat nach einigen Fehlversuchen tatsächlich seinen Chefredakteur am Apparat. »Ich wollte es Ihnen mal ganz persönlich sagen, Sie sind in meinen Augen ein ganz großer Arsch«, kommt es holprig über Jürgens Lippen. Am anderen Ende der Leitung ist ein Moment Verblüffung, dann kommt es dröhnend zurück: »Na sowas, das nenne ich Zivilcourage. Trink noch was auf meine Kosten, ich komme gleich runter.«

Jürgen sonnt sich in seinem Mut, und Fiete murmelt »Selbstmörder«. Als Nannen nach einiger Zeit die Kneipe betritt, ist Jürgen, der Tollkühne, schon jenseits von Gut und Böse. »Komm«, sagt Nannen zu Richard Gruner, »heut essen wir im Ratskeller.« Beide eilen auf die Straße, Jürgen hinterher. An der Ecke steht ein Schutzmann. Nannen geht auf ihn zu, sagt: »Nehmen sie, bitte, diesen Betrunkenen in ihre Obhut, er hat uns schon mehrfach belästigt.« Dabei zeigt er auf Jürgen, der gerade über die Straße taumelt. Jürgen muß eine Nacht in der Ausnüchterungszelle zubringen, bevor er wieder ziemlich kleinlaut an seinen Arbeitsplatz zurückkehrt, wo er sich die Frage stellt, die auch gleichzeitig die Überschrift seines neuen Artikels sein soll: »Brennt in der Hölle wirklich ein Feuer?«

Besonders wegen permanenter Terminnot werden unsere Autoren manchmal zu den größten Ausredenerfindern und Märchenerzählern. Sie erfinden Geschichten von liegengebliebenen Autos, von körperlichen Leiden und schrecken selbst vor Todesfällen in der Familie nicht zurück. Alles nur, um dem immer näherrückenden Drucktermin ein paar Stunden abzutrotzen. Alles war schon einmal da und viele Tricks sind bekannt, bis auf den Autor, den viele Vic nennen, der erfand einen ganz neuen Dreh.

Er kommt spät, noch nicht auf den letzten Drücker, aber immerhin, es ist schon ziemlich eng, mit dem Stapel Manuskripte in die Setzerei geeilt. Schweratmend lehnt er sich an eine Setzmaschine, um einen letzten, einen abschließenden Blick auf sein Werk zu tun. Je länger er liest, um so mehr zieht sich seine Stirn in Falten. Am Ende seiner Lektüre ist er ein unglücklicher, ein gebrochener Mann. Er hat nicht mehr die geringste Ähnlichkeit mit dem jungen dynamischen Wortschöpfer, der er noch vor kurzem war, als er mit federndem Schritt diesen Setzersaal betrat. Nun gibt er sich einen Ruck, sucht mit schweren Augen einen Gesprächspartner, findet aber keinen und schaut flehend zur Decke. »Mein Gott«, kommt es kaum vernehmbar von seinen Lippen, »wie konnte das geschehen? Das Stück ist mir total daneben gegangen. Morgen bringe ich ein neues.«

Schon bei den letzten Sätzen hat er damit begonnen sein Manuskript in viele kleine Stücke zu zerreißen, um sie in den Papierkorb zu werfen. Ein Setzer, der sich trotzdem für das danebengegangene Stück interessiert, stellt mit großer Verblüffung fest, daß alle Papierfetzen schneeweiß sind, und daß auf keinem ein Schriftzeichen zu sehen ist.

Drei Reporter, ausgerüstet mit Hacken, Spaten und Minensuchgerät, sind im Geheimeinsatz in den Alpen. Sie suchen den sagenhaften SS-Schatz, den Nazigrößen hier irgendwo vergraben haben. Laut Zeugen, Notizen und eigenen Vermutungen muß hier der Platz sein. Das Suchgerät wird angeschaltet, und siehe da, der Zeiger schlägt schon aus. In aller Eile wird ein Loch in den felsigen Boden gestemmt, einen Meter tief, eine Sauarbeit, noch ein Meter und noch ein Meter, nichts. Ein Irrtum? Unmöglich! Auf ein Neues. Erneut das Gerät in Betrieb gesetzt, schon wieder zeigt es an. Wieder wird geklopft und gebuddelt, wieder zwei oder drei Meter tief und wieder nichts. Teufel, was ist hier los? Das ganze wiederholt sich noch viermal, bis die Schatzsucher merken, daß das Suchgerät immer auf die Metallösen ihrer Schuhe reagiert hat.

Unseren Verleger »Buci« Bucerius betrachten wir immer als einen gutmütigen, intellektuellen Kauz, der den spröden Charme eines Mannes besitzt, der immer eine Mark mehr in der Geldbörse hat, als er ausgeben wird. Er tarnt sich gern als Mensch aus dem Volk, trägt billige Ringelpullover und tanzt bei Betriebsausflügen fotografisch wirksam oft und viel mit den Putzfrauen des Hauses. Wenn er behend wie ein Eichhörnchen durchs Treppenhaus springt, denn er meidet den Fahrstuhl, ruft er jedem ein kurzes, dafür aber fröhliches »Grüß Gott, Grüß Gott« zu.

Diesen Gruß hat er bestimmt von seinen Freunden bei der CDU angenommen, für die er im Bundestag sitzt. Sein Parteichef Adenauer hat ihn schon mehrmals dafür gerüffelt, daß er sich nicht darum kümmert, was in seinem Blatt vorgeht. Aber Buci war immer nur Gast in der Redaktion, nie hat er sich eingemischt.

Mit einem Mal ist das anders. Buci zeigt Stärke. Die Rotationen stehen, er hat sie anhalten lassen. Diesmal soll der »liebe Sternleser« nichts über das Theaterstück vom Engländer Priestley erfahren, der sich visionär mit dem Atomtod beschäftigt.

Mein Gott, geht das denn gar nicht weiter! Jetzt kommt die Schlange auch noch ins Stocken. Vor mir steht der Fotograf Eberhard Seeliger. »Nun sei mal nicht so ungeduldig, Herbert, hier in der Friedrichstraße sind die Genossen nie schneller.« Vom anderen Ende der Schlange wird uns zugewunken, überall sieht man Kolleginnen und Kollegen aus Hamburg, denn wir machen unseren Betriebsausflug in die Frontstadt Berlin. Gestern waren wir im Theater des Westens und haben »My Fair Lady« gesehen, und heute bummeln wir auf eigene Faust durch die geteilte Stadt, Eberhard will mir zum erstenmal den Ostteil zeigen. Langsam rückt die Schlange vor, und ich lehne mich bequem an den Tresen, hinter dem die Volkspolizisten unsere Papiere kontrollieren. Plötzlich eine Stimme: »He, Sie, können Sie nicht mehr stehen?« Ich fühle mich überhaupt nicht angesprochen, bis der Vopo-Offizier vor mir steht. »Also, was ist nun? Stehen Sie bequem?« – »Ja, Karl-Heinz, ich stehe gut«, sage ich ganz freundlich, denn ich habe meinen ehemaligen Lagermannschaftsführer aus Holleschau sofort wiedererkannt, obwohl er eine ganz andere Uniform anhat als damals. Nur zwei belangslose Sätze wechselt er mit mir, dann ist er weg. »Mich ruft die Pflicht« war einer davon.

Das 13. Kapitel

erzählt von Tante Lene aus Brasilien, von Otting, dem Flüchtling, und vom Zauber der Montur

»Ganz in Weiß, mit einem Blumenstrauß ...« Schon zum xten Mal ist die Platte von Roy Black aufgelegt worden. Sie ist ja auch zu und zu schön. Tante Magda zieht meinen Vater auf den mit bunten Papierblumen geschmückten Flur, um mit ihm einen »aftopetten«, einen abzutreten, ein Tänzchen zu wagen. Mutter sieht hinter den beiden her, ihr ist es gar nicht lieb, wenn sich ihre Schwester immer so an Hermann ranmacht. Tante Guschi bringt aus der Küche was zu essen: hartgekochte Eier, auf denen so ein häßlicher Fisch liegt, der mir nicht schmeckt und den ich immer liegen lasse.

Großes Familienfest bei Schröders. Heute sind Gertrud und Addi 25 Jahre verheiratet, wir feiern ihre silberne Hochzeit. Damals, bei ihrer Trauung, zerrissen sich die alten Tanten die Mäuler: »Wenn das man gutgeht mit den beiden, nee, nee, die passen doch gar nicht zusammen, die sind doch so verschieden.« Deswegen hat auch Tante Lene vorhin, als sie mit dem Teelöffelchen zart das Weinglas berührte und um Ruhe bat,

Vater

Mit meiner kleinen Tochter Sabine in Italien, 1965

in ihrer kurzen, aber launigen Ansprache zweimal betont, daß sie, ja sie, immer – und dabei guckte sie streng in die Tafelrunde –, immer an die Liebe und Treue der beiden geglaubt habe.

Alles, was Tante Lene sagt, ist bei Schröders Gesetz. Sie führt nicht nur das große Wort, nein, sie führt auch den lieben Jungen an allen Gefahren des Lebens unfallfrei vorbei. Sie ist Addis Patentante und kennt die Welt wie kein Zweiter. Als ganz junge Frau war sie für ein halbes Jahr mit ihrem Mann in Brasilien gewesen. Er war Großkaufmann, sagt sie. Vater erzählt, Onkel Hugo habe Glasperlen und anderen Tinnef an die Neger verkauft. Doch diese globale Weltoffenheit prägte Tante Lenes Leben. Sie weiß alles, sie kann alles, sie kennt alles. Addi weiß das und richtet sich danach.

Auf der anderen Seite des Tisches, halb hinter Blumen versteckt, sitzt Onkel Hans. Onkel Hans ist und bleibt eine Frohnatur, halb Hans im Glück, halb Till Eulenspiegel. Grade stimmt er »Ein Prosit der Gemütlichkeit« an. Für ihn kann eher ein Haus abbrennen, bevor ein Glas Bier umkippt. Er wurde damals, als Oma in Laage ihren 75. Geburtstag feiern wollte, für ein Jahr in ein KZ geworfen. Über diese Zeit erzählt er nie etwas, kein Sterbenswort. Er erzählt von seiner Soldatenzeit, denn Soldat wurde er auch, aber nur zweiter Klasse. Eine Uniform bekam er, aber kein Gewehr. Er wurde Wachmann in einem Lager für prominente Kriegsgefangene. Auch Stalins jüngsten Sohn mußte er bewachen, der oft, wie Onkel Hans erzählt, in einem deutschrussischen Kauderwelsch auf seinen Vater schimpfte.

Das Fest ist auf dem Höhepunkt. Es wird geschunkelt, gesungen, getrunken, und ein unglaublicher Wortwirrwar nebelt alles ein. Gläser, Flaschen und Menschen fallen. Den ersten wird übel, taumelnd suchen sie das Klo auf, doch die Tür ist verschlossen, bleibt verschlossen. Otting macht nicht auf.

Otting heißt eigentlich Otto, aber in Mecklenburg hängt man überall ein ing an: Mutting, Vadding, Hanning usw. So hören sich Vater, Mutter, Johanna usw. gemütlicher und freundlicher an. Otting gehört nicht zur Familie, er ist ein Freund. Aber ein Freund auch nicht so ganz, eher ein Bekannter. Bekannter stimmt auch wieder nicht so, mehr Schulfreund. Schulfreund ist aber auch falsch. Auf jeden Fall: Er ist ein Landsmann aus der alten Heimat und jetzt Flüchtling. Der Arme mußte Hals über Kopf drüben alles in Stich lassen, ganz schön schlimm. Er war zwar in der Partei, aber mein Gott, wer war das nicht? Und als Ortsgruppenleiter hat er sich bestimmt nichts zuschulden kommen lassen. Einer mußte das ja schließlich machen. Nee, nee, auf Otting lassen wir nichts kommen, der ist ein guter Kerl. Lachhaft, was man ihm vorwirft: Er hätte gefangene Polen schikaniert. Dabei wollte er diesen Leuten doch nur deutsche Gründlichkeit beibringen. Dankbar sollten die sein! Das war doch damals mit den Schnittern, wißt Ihr noch, die immer zur Erntezeit aus der Polackei zu uns rüberkamen, genauso, die dachten doch auch nur ans Saufen und nicht an die Arbeit.

Otto und seine Familie haben in Horn schon eine prima Neubauwohnung mit Zentralheizung und Bad bekommen. Auf Flüchtlingsschein. Vater war unglaublich sauer, als er das hörte. »Wir sind auch Flüchtlinge«, sagte er, »aus St. Pauli.«

Beim großen Aufbruch spät in der Nacht stellen wir fest, daß unser Familienoberhaupt schon lange den Festplatz verlassen hat und gegangen ist. Er, der doch sonst immer sehen mußte, was der letzte für einen Rock anhatte, war schon weg? Merkwürdig!

Heute besuchen wir Vater im Krankenhaus. Der Hausarzt sagte, es wäre besser so und ein paar Tage der Entspannung täten ihm auch ganz wohl. Wir betreten ein trostloses, weiß angetünchtes Zimmer mit vier Betten. Zwei alte Männer liegen mit dem Gesicht zur Wand und schlafen, der dritte wimmert leise. Auf den Nachtschränken aus Metall stehen welke Blumen, Gläser und Limonadenflaschen. Es riecht ganz leicht nach Urin und frischer Bettwäsche. Vater sitzt auf seinem Bett und wartet schon ungeduldig auf uns. Für ihn ist dieses alles neu und fremd. Das Wecken mitten in der Nacht, das Essen im Bett, die neuen Bettgenossen, einfach alles, denn er war noch nie in einem Krankenhaus. »Schön, daß Ihr endlich kommt«, begrüßt er uns, »ich habe schon auf Euch gewartet.« – »Ja, mir geht es gut, wenn nur nicht diese blöden Schmerzen im Rücken wären. Da ist bestimmt was ausgegnupst. Und bringt mir das nächste mal einen Pinsel und weiße Farbe mit. Dieser häßliche Fleck da an der Wand, der bringt mich noch um, da muß ich, ob ich will oder nicht, immer wieder hinsehen.«

Nach weiteren vier Wochen stehen wir wieder in einer Krankenstube, welche die gleiche herzlose Traurigkeit ausstrahlt wie die zuvor. Vater liegt schweratmend auf einem Wasserbett. Er möchte mir noch etwas sagen, ich kann ihn nicht verstehen, die Sprache erstickt in einem heiseren stimmlosen Gemurmel. Nur seine Augen leben noch, mit schweigender Hilflosigkeit erwidern wir seine traurigen Blicke.

Am Pfingstmontag 1957 ist Vater tot. Gestorben am Lungenkrebs. Ist er auch ein Opfer seines Berufes geworden? Oft sagte er zu mir: »Du ahnst ja gar nicht, was die alles in die Farbe tun. Wenn Maler Hein Quast hustet, heißt es sofort, der hat auch zuviel geraucht, und keiner kommt auf die Idee, daß er das Gift auf seinem Pinsel jahrelang eingeatmet hat.«

71 Jahre alt ist Vater geworden. Anspruchslos, wie so viele aus seiner Generation. Eine lustige Runde, nach der Arbeit, in der Eckkneipe, das genügte ihm. Das Fa-

milienleben stand hinten an, denn das hat er so richtig nie kennengelernt. Schon als kleiner Junge von zehn Jahren mußte er sein Elternhaus verlassen, um bei einem Meiereibesitzer als Hausbursche noch einige Groschen für den Lebensunterhalt seiner Familie dazu zu verdienen. Dieser Käsehändler besorgte ihm dann auch später eine Lehrstelle bei einem Maler, weil der Junge doch so gut zeichnen konnte.

Dort beim Meister, wo er in Kost und Logis lebte, lernte er in vier Jahren nicht nur seinen Beruf von der Pike auf, wie man den Pinsel richtig quälte, nein, er lernte noch viel mehr: Wie man den Teppich richtig klopft, wie man die Wäsche richtig mangelt, wie man die Kinder behutsam auf den Topf setzt, wie man sich mit der Meisterin gutstellt. Kurz, er lernte fürs Leben. Danach warteten schon die Soldaten auf ihn. Er wurde Matrose in Kiel. Weil er auch sehr gut schreiben konnte, kam er in die Schreibstube von Admiral Titus Türk, als Schreibersgast. In seiner Dienstzeit hat er dem Admiral so nach und nach die Villa schön bunt angestrichen. Dafür bekam er beim Abschied drei Mark aus der Hand des alten Seebären. Danach suchte er als junger Geselle das Weite und neue Arbeit in Sachsen, wo er mit Sozialdemokraten in Berührung kam und Mitglied der damals noch jungen Gewerkschaftsbewegung wurde. Das war eine gewagte Sache, denn wenn ein Meister erfuhr, daß sein Geselle ein Roter war, feuerte er ihn auf der Stelle, mit so einem wollte er nichts zu tun haben. Mehrfach wurde Vater davongejagt, weil er am 1. Mai für eine 60-Stunden-Woche und gegen Kinderarbeit demonstriert hatte.

Kaum verdiente er das erste richtige Geld, begann der Erste Weltkrieg. Den machte er vom ersten bis zum letzten Tag in den Schützengräben der Westfront, vor allem in Flandern, mit. Von den schönen Städten und den netten Menschen dort erzählte er immer wieder. Zu gern hätte er dieses Land auch mal im Frieden erlebt. 1939 wäre er um ein Haar losgefahren, aber nur um ein Haar. So blieb Flandern sein Traum. Nach dem Krieg Revolution und Arbeitslosigkeit, Inflation und Straßenkämpfe. Das Chaos regierte. In dieser wirren Zeit war er keinen Tag arbeitslos. Wie er das geschafft hat, blieb ein Geheimnis.

Als dann die Braunen marschierten, wollten die Demokraten die kranke Republik notfalls mit Waffen verteidigen, aber sie wollten keinen Bürgerkrieg und kein Blutvergießen. Hitler brach als erstes den Eid, den er auf die Republik geschworen hatte, und vernichtete seine Gegner. Genossen verschwanden in den KZs oder wurden einfach totgeschlagen. Wer nicht für Hitler war, der war gegen ihn. Vater ging, wie er sagte, in dieser Zeit in die innere Emigration. In den Bombennächten verlor er alles, wofür er jahrelang gearbeitet hatte, und am Ende der tausend Jahre wurde er noch als Wattemann zum Volkssturm eingezogen. Nach der Hungerzeit fing er für 40 Mark noch einmal von vorne an. Manche Genossen von damals saßen dann schon wieder im Sattel, doch mit ihnen wollte er nichts zu tun haben. Sie waren ihm zu weich und schielten ihm zu sehr auf neue Posten. Es verbitterte ihn, wie leicht die Naziverbrecher davongekommen waren und wie ohne Scham das Gestern bewältigt wurde. Auch sagte er immer wieder: »Die Nazis kommen wieder, nicht die alten, neue, nicht mit genagelten Stiefeln, sondern auf leisen Sohlen.« Jetzt, wo Vater sich etwas Ruhe hätte gönnen können, starb er. Ich werde ihn vermissen und bin sehr traurig.

Mutter ist mit dem Wechsel von der Ehefrau zur Witwe erstaunlich gut zurechtgekommen. Jetzt gehört sie dem Rateteam der Silberlöckchen an, die jeden zufälligen Gesprächspartner, ob der will oder nicht, mit der Frage nach ihren Lebensjahren überfällt. Ist diese

Frage zu ihrer Zufriedenheit ausgefallen, folgt im Laufe des Gesprächs bestimmt der Satz: »Ich bin eine arme Witwe.«

Arm war früher ein Fremdwort in unserer Familie. arm war man nicht, arm waren die anderen, und mit denen wollten wir nichts zu tun haben. Geld, was ist schon Geld? Geld hat man, auch wenn man es nicht hat. Wenn Vater 50 Mark Wochenlohn nach Hause brachte, steckte Mutter die Scheine in ihr Portemonnaie, das sie immer in ihrer Schürzentasche bei sich trug. Dann fühlte sie sich wohlhabend wie die reiche Frau eines Senators.

Ich bin Vater geworden und möchte am liebsten meine Freude und mein Glück laut herausschreien: »Hallo! Sie da, ja Sie meine ich, ich habe eine Tochter bekommen!« Das schönste Baby von Hamburg ist in der Frauenklinik Finkenau, in der auch schon meine Frau und ich das Licht dieser Welt erblickten, geboren worden. Der kleine Zwerg heißt Sabine und hat schon eine beachtliche blonde Tolle. Meine Frau ist nicht vom Storch ins Bein gebissen worden, damit sie einige Zeit das Bett hüten muß, sondern die Ärzte haben der Armen mit scharfen Messern den Bauch aufgeschnitten; denn unsere kleine Tochter hatte überhaupt keine Lust, ihr Näschen in die bitterkalte Hamburger Dezemberwelt zu strecken. Ganz offenbar will sie sich vor jeglicher Art von Erfassung persönlicher Daten drücken. Umsonst, Ordnung muß sein, die Kleine wird genauestens gewogen: 5070 Gramm, nicht 5060 und nicht 5065, nein, genau 5070 Gramm. Beim Messen der Körpergröße läßt die preußische Genauigkeit in erschrekkendem Maße nach: 54 bis 58 Zentimeter werden notiert. Meine kleine Tochter hat vier Zentimeter Spielraum, hoffentlich wird der in ihrem Leben noch erheblich zunehmen. Danach werden meiner Frau zehn kleine Finger und zehn kleine Zehlein vorgezählt, denn es kommen in der letzten Zeit sehr viele Babys mit schrecklichen Conterganschäden zur Welt. Unsere Tochter ist rundherum gesund.

Leningrad im Schnee. Klar und stahlblau ist der Himmel über der Stadt an der Newa, dem alten St. Petersburg. Meine Frau und ich sind zum ersten Mal in der Sowjetunion. Unsere anfängliche Unsicherheit ist nahezu verflogen, denn die Leute begegnen uns mit freundlicher Natürlichkeit. Diese Natürlichkeit macht uns manchmal nachdenklich. So natürlich ist es natürlich nicht, daß wir so behandelt werden, denn Leningrad ist die Stadt, die unter der Belagerung der deutschen Truppen unglaublich zu leiden hatte und deren Bewohner einen hohen Blutzoll zu zahlen hatten. Als Würdigung wurde ihr der Ehrentitel »Heldenstadt« verliehen.

Vorn im Bus sitzt Natascha, die mit strahlenden Augen, rosigen Wangen und munteren Reden versucht, uns die Fortschritte des Sozialismus schmackhaft zu machen. Es gelingt ihr nicht, eine vorwitzige Haarsträhne, die ihr immer wieder in die Augen fällt, unter ihre Pelzkappe zu bannen. Sie hat das Problem der Vergangenheitsbewältigung zwischen Russen und Deutschen auf ihre Weise gelöst. Die Deutschen, die mit Panzern und Kanonen ihr Land überfielen, die Feinde von gestern, waren Faschisten. Und die Deutschen, die heute als Touristen mit DM im Gepäck ihr Land besuchen, sind Bundesbürger. Sie hat uns schon durch die Kasematten der Peter-und-Paul-Festung geführt, den Panzerkreuzer »Aurora« gezeigt und mit uns gemeinsam eine Papierblume auf das verschneite Grab von Peter Tschaikowsky gelegt. Nun sind wir auf dem Weg zum ehemaligen Sommerpalast des Zaren, der einige Kilometer außerhalb Leningrads liegt. Dabei fahren wir an einem zerstörten deutschen Panzer vorbei, der auf einem Zementsockel als Mahnmal steht. »Bis hierher sind die Faschisten gekommen«, erklärt Natascha durchs Mikrofon, »bis hierher und keinen Meter weiter!« Doch jetzt wird sie unterbrochen, ein Mann aus dem Bus ruft aufgeregt dazwischen: »Nein, Fräulein, Sie irren sich, wir waren zehn Kilometer weiter.«

Es ist Vorfrühling, einer der ersten sonnigen Märztage auf dem Ohlsdorfer Friedhof. Das Harmonium im Krematorium spielt leise das Wiegenlied von Brahms, Mutters Lieblingslied. Es ist nur eine ganz kleine Trauergemeinde erschienen, nur die erste Stuhlreihe ist besetzt. Neben mir sitzen meine Frau und meine Tochter Sabine, auf der anderen Seite des Ganges haben mein Bruder und Colette, seine Frau, Platz genommen. Die Kerzen spiegeln sich auf dem hellen Eichensarg, der ganz langsam, für das Auge kaum sichtbar, immer mehr im Boden des Krematoriums versinkt. Wir haben uns erhoben, einen letzten Gruß, ein letztes »Auf Wiedersehen« für meine Mutter.

Als Mutter 1889 in Mecklenburg als eins von neun Kindern geboren wurde, feierte das Deutsche Reich gerade seinen 18. Geburtstag und die Leibeigenschaft war erst vor ein paar Jahren offiziell abgeschafft worden. Doch die »Herren« hatten immer noch das Sagen über Mensch und Tier, über alles, was da keucht und fleucht. So gab es eine strenge Rangordnung im Lande, die bis in die Familie hineinging. Erst kam der Vater, dann mit großem Abstand die Mutter, die ältesten Kinder und so weiter. Die später Geborenen lebten am Rande der Sippe, sie besaßen keinerlei Rechte, waren chancenlos und sie wurden somit automatisch zu Menschen zweiter Wahl. Es war durchaus üblich, daß die Jüngeren am Mittagstisch stehen mußten und das zu essen bekamen, was übrigblieb. Auch nachts hatten sie kein eigenes Bett. Sie schliefen am Fußende bei ihren Eltern oder ih-

Meine Eltern als Verlobungspaar, 1914

ren größeren Geschwistern. Um aus diesem Leben zweiter Klasse herauszukommen, gingen viele junge Menschen vom Lande in die Stadt, suchten ihr Glück in den Fabriken, die wie Pilze neu aus dem Boden schossen. Nun hausten sie zum größten Teil in erbärmlichen Mietskasernen unter menschenunwürdigen Umständen. Sie nahmen dieses Leben in Kauf, denn es war immer noch besser, als sich bei einem Herren als Knecht oder Magd ducken zu müssen. So wuchs das Heer der Proleten, und die neuen Chefs, Bosse über Menschen und Maschinen, hatten wieder die freie Auswahl. Wer sich nicht ihren Bedingungen unterwarf, blieb auf der Strecke, wer sich nicht anpaßte, der flog auf die Straße. Gehorsamkeit wurde groß geschrieben.

Sehr geschätzt war in Mutters Jugend der bunte Rock, man sprach vom Zauber der Montur, wenn man die Uniform meinte. Durch sie konnte man erkennen, wer was war. Je bunter, desto besser. Der Mensch zählte nichts, die Verpackung alles. So konnten sich die Herren Offiziere durch Streifen und Sterne, durch Litzen und Lametta sowie durch ein besonders hochnäsiges Benehmen aus der grauen Masse des Volkes herausheben. Ordnung und Obrigkeit haben meine Mutter durch ihr ganzes Leben begleitet.

Ganz unbewußt laufen mir Tränen übers Gesicht. In mir ist eine grenzenlose Leere, ich fühle mich jetzt von Mutter alleingelassen und verraten. Alleingelassen von ihrer alles beherrschenden Liebe, einer Liebe, die den Atem nimmt, wenn sie immer und zu jeder Zeit vor, hinter oder neben einem stand. Ganz zart spüre ich die Hand meiner Tochter, die mir Trost spenden möchte.

Je älter meine Mutter wurde, desto schlechter konnte sie sehen. Sie erkrankte am grauen Star, der zur völligen Blindheit führte. Doch ihr Stolz ließ es nicht zu, daß sie ihren hilflosen Zustand zugab, sie wollte auf keinen Fall von anderen abhängig werden. Mein Bruder Heinz hielt die von ihr vorgespielte Vitalität für echt. Für ihn wurde Mutter aus dem Zerrspiegel der Entfernung nicht älter, so konnte er ihren Verfall nicht richtig einschätzen. Wir hörten immer weniger voneinander, und wenn, dann waren es kleine und große Bissigkeiten. Aus dem kleinen und mittleren Querkopf war inzwischen ein ganz großer geworden, der überall aneckte und auch im Lande der Franzosen nicht zurechtgekommen war. Bis zu ihrem Tode galt Mutters ganze Sorge nur »ihrem« Sohn Heinz.

Die letzten Akkorde des Harmoniums sind verklungen, die Kerzen sind niedergebrannt, und ich schaue noch einmal auf den Platz, wo eben noch Mutters Sarg stand. Mit meiner Frau und meiner Tochter verlasse ich die Halle. Von meinem Bruder ist nichts mehr zu sehen.

Der »Stern« hatte sich im Laufe der Zeit vom kleinen Soraya-Blättchen zur großen international anerkannten Zeitschrift mit Millionenauflage gemausert. Geführt wurde er von einem autoritären Chef, der das gewisse Etwas im Bauch hatte und der von sich behauptete, die männliche Ausgabe von Lieschen Müller zu sein. Er marschierte vor seiner Truppe und rief mit lauter Stimme: »Mir nach!« Seine Redakteure folgten ihm gern und willig, denn sie waren felsenfest davon überzeugt, daß der Alte den richtigen Kurs steuert.

Die Flegeljahre der Zeitung, als noch mit Schere und Kleister spannende Reportagen gefertigt wurden, lagen lange hinter uns. Wir waren jetzt seriös.

Natürlich wurde auch bei uns, wie es in Redaktionen so üblich ist, kräftig gegiftet und gelästert, besonders gegen Nannen – aber nur, wenn er nicht da war, und wenn er da war, natürlich nur hinter seinem breiten Rücken. Kollege Lästermaul würde sich doch lieber von seinem guten Freund trennen als von einer guten Pointe. Aber, wie schon gesagt, nur von hinten, von vorn war eitel Sonnenschein, der Boß wurde angebetet.

Er hatte die Gabe, seinen Mitarbeitern das Gefühl zu vermitteln, bei etwas Besonderem, an etwas Besonderem und für etwas Besonderes zu arbeiten. Es waren nicht irgendwelche Redakteure, Fotografen oder Grafiker, sondern Stern-Redakteure, Stern-Fotografen und Stern-Grafiker. Der Name Stern war etwas Besonderes, und Nannen trug viel dazu bei, diesen Stern auf Hochglanz zu polieren.

Junge, Junge, war die Redaktion auf ihren Chef stolz, als es ihm gelang, mehrere Transportflugzeuge der Bundeswehr eigenmächtig nach Addis Abeba zu schikken, um dort die Hungerkatastrophe schnell und unbürokratisch zu lindern. Das war einfach Spitze.

Bei seinem ersten Streich, als er mit Dieben und Kirchenräubern handelseinig wurde, um die gestohlene Madonna von Tillmann Riemenschneider der Volkacher Kirchengemeinde zurückgeben zu können, bekam er zuerst nur von seinen katholischen Mitarbeitern Beifall. Später, als die Tat in der deutschen Öffentlichkeit gelobt wurde, schwenkten auch die Evangelen in die Jubelfront ein.

Nannens Platz war immer vorn, da sah er sich und seine Redaktion. Immer in der ersten Reihe, so wie damals, als er mit Adenauer in Moskau war und neben ihm die große Freitreppe im Kreml herabschritt.

Das 14. Kapitel

erzählt vom Affenfelsen an der Alster, von der unruhigen Jugend und von den Hosen des Herrn Göring

Die Auflage ist schon wieder leicht gesunken, die Blattmacher sind mies gelaunt. Der letzte Titel lief auch nicht so wie gedacht. »Fleisch wollen die Leute sehen, pures Fleisch«, sagt einer der Bosse, »und nicht Kanzler Schmidt in Stein gemetzt als Bismarck-Denkmal. Da seht Euch mal den Superbusen von der Konkurrenz an, da hat der Leser was für sein Geld.«

Leider ist uns das nackte Fleisch von Alice Schwarzer und ihren »Emma«-Emanzen ganz schön madig gemacht worden, weil wir, wie sie behaupten, die weiblichen Formen nur als Auflagen-Stimulanz benutzen würden. Doch womit sollen wir das Sommerloch füllen? Wer hat noch was auf der Pfanne?

Ein Schreiber wird gesucht, einer mit feinem Gefühl und scharfem Verstand, einer, der mit Pfiff und Pfeffer zu erzählen versteht, kurz: eine Edelfeder. Leider sind alle Autoren an einer gemeinsamen Serie beschäftigt, vorläufiger Arbeitstitel: »Die große Unlust«. So kommt man auf den Redakteur M., einen alten Fuchs, der zwar im Moment gerade in einer Glosse nachweisen wollte,

Jubilar

Henri Nannen gratuliert mir zum 25jährigen Betriebsjubiläum, 1981

daß sich Filbinger vorn mit V schreibt und nicht mit F. Aber diese Arbeit kann ja so lange noch liegen bleiben.

Nach dieser weisen Entscheidung verlassen die Blattmacher mit schnellen Schritten und sichtlich besserer Laune die Runde. Der Konferenzraum liegt im sechsten Stock des neuen Pressehauses, mit einem Blick über die ganze Hamburger Außenalster, einem Blick, der so manchen Besucher vor Begeisterung aufjauchzen läßt. Der eigenwillige Terrassenbau wurde schon vor einiger Zeit vom Volksmund »Affenfelsen« getauft.

Täglich erscheine ich nun in diesem Haus an der Alster. Zeige, wenn die Kontrollorgane es von mir verlangen, meinen Hausausweis vor und fahre mit dem Fahrstuhl nach oben. Nicht nach ganz oben, dort sitzt der Vorstand und das Gehirn des Verlages, ich fahre nur dreiviertel hoch, in die Sternredaktion.

Der »Stern« ist jetzt ein Teil des riesigen Bertelsmann-Konzerns geworden, weil die Verleger Bucerius und Gruner ihre Anteile an den stillen Mann aus der Provinz, wie man Reinhard Mohn nennt, verkauft haben. So still scheint der Herr aus Gütersloh aber auch wieder nicht zu sein, denn die Pressezaren Axel Springer und Heinrich Bauer sind gegen ihn kleine Fische.

In diesem neuen Haus gibt es eine Klimaanlage, von der böse Zungen behaupten, sie trockne Haut und Hirn aus, ein Lampen-Überangebot im Eingang, damit auch dem Dümmsten ein Licht aufgeht, sowie eine moderne Kantinenküche, in der jeden Tag für uns was Schmackhaftes in die Pfanne gehauen wird. Dienstbare Geister aus aller Herren Länder, besonders aus den südlichen, huschen hurtig durch die Gänge, wischen hier, wienern dort und halten Haus und Hof in Schuß.

Für unseren Leser, den wir in den vielen Jahren immer noch nicht so richtig kennengelernt haben, stehen Woche für Woche alle Ressorts der Redaktion in ständiger Alarmbereitschaft, um mit Kamera und Kugelschreiber sofort loszuschlagen, wenn es die Blattleitung befiehlt. Doch bevor es soweit ist, müssen alle noch durch die große Ziehung im Dienstagslotto, der wöchentlichen Strukturkonferenz.

Dort am großen langen Tisch gibt es eine genau festgelegte Rangordnung und nur Stammplätze. Wer auf dem falschen Sessel sitzt bekommt Ärger und die bissige Bemerkung an den Kopf geworfen, daß sein Platz am besten zwischen allen Stühlen sei.

Der Chef und die »Schwerpunkte« sitzen oben, »die leichteren« Themen haben ihren Platz unten, und die nichts zu sagen haben sitzen auf der langen Bank. Wer viel redet, bekommt viel ins Blatt, und wer still ist, der muß warten. Um die guten Räume im Blatt wird heftig gerungen und zuweilen auch faul gespielt. Da machen alle, ohne Ausnahme, mit.

Da sind zum Beispiel die Leute, die bei uns die Politik machen. Immer sind sie voller Sorgen, daß sich eine Regierungsneu- oder -umbildung grade zu einem Zeitpunkt ereignen könnte, wenn sie, da total erschöpft, auf ihren Latifundien frischen Atem schöpfen. Manchmal müssen sie, ob sie wollen oder nicht, mit dem schwarzen Franz Josef bayrisches Starkbier trinken oder mit dem roten Willy baden gehn. Sehr oft geben sie dem Kanzler Tips, wie er Deutschland besser in den Griff bekommt, doch der hört auf ihre gutgemeinten Ratschläge nicht.

Nicht die größte Geige spielen die Feingeister und Musenkinder in unserem Redaktionsorchester, doch manchmal kommt ihr großer Auftritt, dann greifen auch sie scharf in die Harfe, um Herbert, dem Karajan, falsche Töne und schlechten Takt vorzuwerfen.

Nichts vorzuwerfen haben sich dagegen unsere Leute, die in der Wirtschaft sitzen, nicht bei Bier und Korn, sondern bei trocknen Bilanzen. Sie prüfen und vergleichen Mieten, Löhne und Preise. Sie kennen alle

Kurse dieser Welt, nur die Fahrpreise der Hamburger Hochbahn sind ihnen fremd.

Nichts, aber auch gar nichts ist unseren Kollegen aus dem Auslandsressort fremd. Die große weite Welt ist ihr Feld. Einmal fahren sie nach Bombay, ein andermal nach Shanghai, dann wieder durch den Suez, und dann sind sie in Hawaii. Überall waren sie schon, nur in Helgoland noch nicht. Sie wollen so lange warten, bis die Engländer die Insel wieder zurücknehmen und Sansibar wieder deutsch wird.

Wird irgendwo auf der Welt ein Ball getreten, geworfen oder geschmettert, so hat der Sport das Wort. Dann gehen seine Redakteure für den Leser in den Ring. sie vermelden voller Freude, daß Max aus München oder Claudia aus Buxtehude oder Erna aus Tauberbischofsheim für Deutschland ins Schwarze getroffen hat. Da kommt Freude auf. Sie selber sind in den Disziplinen »Auf der Stelle traben« und »mit den Augen rollen« medaillen-verdächtig.

Keine Medaillen bekommen dagegen die Redakteure und Reporter aus der Abteilung, die sich schlicht Deutschland zwo nennt. Dahinter verbirgt sich alles, alles außer: Spiel und Sport, Mode und Medizin, Kultur und Kirche, Pop und Politik, Wirtschaft und was weiß ich noch alles. Was noch bleibt, sind eventuell der Mord der Woche, wenn er nicht in der Bild-Zeitung stand, oder Skandale und Enthüllungen aus deutschen Landen frisch auf den Tisch. Doch Achtung, manche Geschichte ist hochexplosiv, gefährlich wie ein Faß Nitroglyzerin! Manchem ist so ein Ding schon um die Ohren geflogen, wenn Anzeigenkunden nicht nur Anzeigen aufgegeben haben, sondern auch noch ins journalistische Gerede gekommen sind.

Sind auch die Sternleser kerngesunde Naturen und so stabil wie die Schweizer Bundesbank, so wollen sie doch mit einem gewissen Schauder schlimme Geschichten von schlimmen Krankheiten lesen. Dafür sind unsere Medizinmänner gerade richtig. Gerne geben sie Tips gegen Ohrensausen, Blähungen und Achselschweiß. Operieren tun sie aber noch nicht.

Nicht zu beneiden sind die Menschen, die von sich behaupten, sie hätten Kultur, und die auch noch darüber schreiben. Permanent ziehen sie gegen die Unkultur zu Felde und liegen ständig auf der Lauer, dieses auch noch zu beweisen. Sie versuchen zu beweisen, daß Goethe von Schiller und Schiller von Goethe und Karl May von beiden abgeschrieben hat. Wenn sie allerdings das Pech haben, daß der »Klassiker« noch am Leben ist, kann sehr schnell aus der Aufdeckung der letzte Tango werden.

Nicht zu übersehen sind die vielen smarten jungen Männer, die man durchs Haus eilen sieht. Es sind die Manager, die Gehilfen der Manager oder es sind erst Lehrlings-Manager. Auf jeden Fall sind es Jung-Dynamiker, die immer mit dem neuesten Trend leben und für die Rationalisierung ein Zauberwort ist. Allzeit sind sie bereit etwas zu verbessern, alles was von früher war, Tradition hin, Tradition her, muß geändert, muß rationalisiert werden. Sie würden, wenn es im Trend läge, sogar sich selber wegrationalisieren. Selbstverständlich auf einer sauber geschriebenen Hausmitteilung.

Nachdem sich Otto Normalverbraucher den Wanst vollgeschlagen hat und die Freßwelle abgeklungen ist, scheint jetzt das Baufieber in unserem Land ausgebrochen zu sein. Überall hört man den Schlager: »Schaffe, schaffe Häusle baue«, und neue Wohnsilos und Verwaltungspaläste schießen wie Pilze aus dem Boden. Beton, Beton über alles. Auch die Laubenkolonie meiner Kindheit, wo morgens noch das Kriegspferd Hans die Milch brachte, fiel der Betonmischmaschine zum Opfer, genauso wie das Druckhaus am Freihafen, wo heute das Verlagsgebäude des »Spiegel« steht.

Überlebt und wie man hört, sehr gut, hat unser Drogist, der alte Beobachter. Er genießt als Rentner die Sonne Südamerikas. Oft wird er von seinem Sohn aus Deutschland besucht. Aus dem kleinen Heini ist ein großer geworden, der in der CDU Karriere gemacht hat. Keine Karriere machten die armen Francks aus Wien. Beide sind im KZ umgekommen. Als ich Jahre später in Wien Erkundigungen einzog, traf ich nur eine alte Frau aus der Friedrich-Kaiser-Gasse, die behauptete, den Miederwaren-Franck noch zu kennen. »Ja freilich kenn i den Franck«, sagte sie, »daran erinner i mi noch gut. Des war doch der Jud, der in der Nazi-Partei war.«

Auch vom großen runden Stammtisch in Fietes Kneipe sind schon etliche unter der Erde. Fortuna war ihnen nicht hold, König Alkohol hat viele von ihnen zur letzten Reportage in den Himmel geschickt. Andere dagegen wurden so von der Muse geküßt, daß ihnen schier der Atem wegblieb. Sie haben als Verleger, Botschafter, Millionäre und Spione einen gewissen Ruhm erlangt und tauchen immer wieder in den Schlagzeilen auf.

Jetzt ist in Deutschland eine neue Generation von jungen Leuten herangewachsen. Junge Leute, die der Obrigkeit sehr kritisch gegenüberstehen, im Gegensatz zu ihren Eltern. Sie wollen eine neue Gesellschaft gründen und holen sich aus fremden Ländern ihre Leitfiguren mit exotischen Namen: Mao, Che Guevara und Ho Chi Minh. Ihre Eltern, sagen sie, sind politisch impotent und erkennen nur den großen Vorsitzenden D-Mark an.

Sie demonstrieren und schreien laut auf den Straßen, wollen darauf aufmerksam machen, daß der Schah von Persien in seinem Lande Menschen zu Tode foltern läßt. Sie schreien, daß in Vietnam Massenmord geschieht und daß in Chile eine rechtmäßige Regierung mit Hilfe amerikanischer Multis von faschistischen Generälen gestürzt wird. In Berlin wird der Student Benno Ohnesorge erschossen und Rudi Dutschke von einem Fanatiker schwer verwundet. Ein Krieg war ausgebrochen, eine Generation gegen die andere. Die Schönwetter-Republik Deutschland kommt ins Stolpern und reagiert schnell und scharf, neue Gesetze werden verabschiedet, es wird überwacht, bespitzelt und kontrolliert. Die Polizei hat den Finger am Abzug, eine neue Wende wird im Land vorbereitet.

Knatternd umkreisen mehrere Hubschrauber die Hamburger Binnenalster. Sie beobachten aus geringer Höhe einen Demonstrationszug, der jetzt in den Jungfernstieg einbiegt. Im Zug sieht man viele rote Fahnen und Transparente. Junge Leute haben sich Helme über ihre Köpfe gestülpt, um anonym zu bleiben. Sie haben keine Gesichter und sehen wie Roboter aus. Es werden Parolen geschrien, im scharfen Knattergeräusch der Hubschrauber sind sie nicht zu hören.

Unauffällig auffällig werde ich von einem Mann in einem verknautschten Gummimantel fotografiert. Er ist sogar einige Schritte hinter mir hergelaufen, damit er eine bessere »Schuß«-Position hat. Ich bin wohl für ihn von Interesse, weil ich eine rote Nelke im Knopfloch trage, die mir ein junges Mädchen mit einem arabischen Kopftuch erst vor ein paar Minuten geschenkt hat. Vor dem Springerhaus wimmelt es von Polizisten, Ordnungshüter aus Bremen und Niedersachsen, die als Verstärkung geholt worden sind. Passanten hasten, dicht an die Häuser gedrängt, durch die Straßen. Mit zum Boden gesenkten Blick tun sie so, als bemerkten sie die Uniformierten um sich herum nicht. Bilder aus der Kriegszeit werden wach, fremde Truppen haben eine

Stadt erobert, und die Bevölkerung sieht einfach weg. Auch heute sind alle Straßen mit Polizeifahrzeugen versperrt, und auf den Dächern sieht man Posten stehen.

Aus Spanischen Reitern ist quer über die Straße eine Absperrung errichtet worden, zwanzig Meter weiter ist eine zweite und noch einmal im gleichen Abstand eine dritte. Mit meinem Ausweis darf ich die erste Hürde passieren, doch der Weg zum zweiten Hindernis ist unendlich, ein leergefegtes Nichts. Ich höre nur das Klappern meiner Absätze auf dem Pflaster, sonst ist es totenstill. Niemandsland. Eine unsichtbare Stimme hinter mir flüstert befehlend: »Nicht umsehen! Auf keinen Fall nach hinten gucken!«

Ich stehe jetzt vor einer Mauer aus Menschen, Helm an Helm, Schild an Schild. Doch diese scheinbar leblose Mauer lebt und spricht sogar mit mir. Nein, sie spricht doch nicht, sie befiehlt barsch: »Hau ab, mach die Mücke!« Ganz dicht vor der Mauer kann man sogar Gesichter mit Mund und Augen erkennen, sie sehen hinter ihrer Plastikarmierung unschart und verschwommen aus.

Zu ersten Zusammenstößen kommt es in der Nähe des Heiligengeistfeldes. Die Polizei schlägt blindlings in die Menge und tritt mit ihren eisenbeschlagenen Stiefeln auf Flüchtende und schon auf dem Boden Liegende. Die Straße ist mit Pflastersteinen übersät. Betrunkene Chaoten mischen nun auch noch mit, sie wollen diese Gelegenheit nicht versäumen, mal so richtig auf den Putz zu hauen.

Eine Stimme ruft laut: »Erster Zug fertig zum Angriff!« Hinter mir hecheln mehrere Schäferhunde, sie zerren so an ihren Leinen, daß ihre Zungen weit aus den Rachen hängen. Eine Frau neben mir schreit: »Das ist eine Sauerei, nehmt sofort die Bestien weg, solche Viecher hatte Hitler auch.« Der Hundeführer sieht nur mal kurz in die Richtung der Schreierin und fummelt dann an den Halsbändern der Tiere herum. Die Schreierin verschwindet wie der Blitz. Nebel steigt auf, es wird mit Tränengas geschossen.

Mit roboterhafter Eckigkeit marschieren neue, plastikgeschützte Polizisten auf. Aus ihren Reihen zischen blitzartig schnell Gummiknüppel hervor, die irgendeinen irgendwo treffen. Die Schläger bleiben in der Masse anonym. Als keiner Junge habe ich so eine Szene schon einmal gesehen. Die SA zog mit Fahnen und Musik durch unsere Straße, und jeder am Straßenrand grüßte mit erhobenem, rechten Arm. Nur ein alter Mann nicht. Da sprang einer der SA-Männer auf den Alten zu und schlug ihn zu Boden, die Leute sahen weg und der Schläger tauchte in der braunen Masse unerkannt unter.

Dies alles war die Begleitmusik zum Hamburger Auftritt des Kanzlerkandidaten Franz Josef aus Bayern unter der Wahlparole »Freiheit statt Sozialismus«. Doch diesmal mußte er noch warten. Drei Jahre später war es soweit, die FDP wendete sich und mit ihr das Blatt. Helmut, der Schmidt, mußte Helmut, dem Kohl, seinen Kanzlersessel überlassen. Der Mann aus Bayern ging wieder leer aus. In der Kutsche saß er schon, wie er sagte, doch seine Freunde hatten ihm diesmal die Luft aus den Reifen gelassen.

Hartnäckig und boshaft wird das Berufsbild des Journalisten immer von Leuten, die uns nur aus der Entfernung kennen, aufgezeichnet. Sie behaupten: Ärzte und Bauern, Polizisten und Kellner haben auch neben ihrem Beruf noch andere Interessen, Nebeninteressen. Sie malen und musizieren, sammeln Briefmarken und Schmetterlinge. Züchten Tauben und Zierfische, kurz, sie pflegen nach Feierabend ihr Hobby und reiten ihr Steckenpferd. Sie können noch abschalten und haben die Gabe, auch anderen zuzuhören.

Aus ganz anderem Holz seien da, so die allgemeine

Schlußtag. Die »Stern«-Grafik macht Pause auf der Terrasse im sechsten Stock des Affenfelsens

Meinung, die Leute von der Presse geschnitzt, die Journalisten. Nie haben sie Feierabend, nie schalten sie ab, ihr Hobby ist ihr Beruf und ihr Beruf ist ihr Hobby (bei diesen und den folgenden Sätzen sehe ich schon meine Frau heftig mit dem Kopf Zustimmung nicken). Sie kennen keine Nebeninteressen, sie müssen immer von dem sprechen und schreiben, was sie gerade bewegt, bei Tag und bei Nacht, jahrein, jahraus. Sie müssen sich mitteilen und ununterbrochen von ihrer Arbeit reden. Sie fallen sich selbst und anderen damit kräftig auf den Wekker (jetzt ruft meine Frau ganz laut: »Richtig!«).

Manchmal versuchen sie dieser Pest der Fachsimpelei zu entfliehen. Sie fahren aufs Land und graben sich in irgendeine Einöde ein. Kehren aber schon nach ein paar Tagen, ausgehungert und wissensdurstig, in den Kreis ihrer Kollegen zurück, beseelt von nur einem einzigen brennenden Wunsch: zu erfahren, was sich während ihrer langen Abwesenheit alles Neues ereignet hat.

Obgleich dieses Psychogramm in großen Teilen auch stimmen mag, so schaffe ich es dennoch ab und zu, für längere Zeit meine Arbeit zu vergessen – besonders wenn ich im Ausland bin, wenn der Urlaub im Sand verläuft und wenn ich Stars und Zaunkönigen aufs Maul schauen kann.

Immer, wenn ich mit meiner Familie in Italien Urlaub mache, wohnen wir im selben Hotel, schon seit Jahren und aus alter Gewohntheit. Milano-Marittima, rechts von Ravenna, an der Adria. Und immer sehe ich ihn, denn er wohnt im selben Hotel. Er sitzt im Speisesaal abseits an einem kleinen Katzentisch, auch am Strand abseits dort, wo zuerst der Schatten hinkommt, und abseits am Abend in der Bar, wo es besonders zugig ist und kein anderer Gast sitzen will. Er ist schon bestimmt über achtzig Jahre und sieht aus, als wenn er morgens schon Essig getrunken hätte. In der touristischen Schar der Selbstdarsteller spielt er den Eigenbrödler. Ächzend schlurft er durchs Haus, seine Bewegungen gleichen einem Pinguin. Aufmerksamkeit erregt er nur durch seine sporadisch auftretenden Hustenanfälle.

Den ganzen Tag ist der Alte am Strand und schaut den Leuten mit ihren reklamebraunen Körpern zu, wie sie segeln oder Wasserski fahren. Wenn die Kinder ihn einmal ansprechen, werden sie sofort ermahnt: »Corinna, geh weg da und spiel mit den Kindern von Direktor Bierhals!«

Der alte Mann paßt auch wirklich schlecht in diese Nivea-Welt. »Eigentlich sollte man solchen Rentnern das Reisen verbieten, Deutschland ist doch auch ganz schön.« Sagt die Frau vom Pantoffelhersteller, die den ganzen Tag mit superlangen angeklebten Wimpern auf einer Goldfolie liegt. Mit dem kann man sich ja nicht unterhalten, was weiß der schon von unseren Problemen? Welchen Schmuck zu welchen Kleidern? Welcher Friseur hat hier die geschicktesten Hände? Nehmen Gurkenscheiben im Gesicht wirklich die Fältchen weg? Soll man sich mit dem etwa darüber unterhalten, ob man nach dem Urlaub lieber einen Porsche oder einen Mercedes kauft?

Die Meinung beziehen die Urlauber aus der »Bild«-Zeitung, die für sie ein Stück Heimat ist. Schon am Morgen wird sie im Geschwindschritt vom Kiosk geholt, und man ist ganz schön sauer, wenn die druckfrischen Seiten häßliche schwarze Flecken auf dem frischgeölten Bauch hinterlassen. Aber was im Blatt steht, ist gut und richtig, zwar nicht alles, aber die große Linie stimmt und findet Beifall und Zustimmung. Diesen Atomkraftgegnern soll man das elektrische Licht ausknipsen und wieder Petroleumlampen ausgeben. Mit den Pazifisten, diesen roten Ratten, kurzen Prozeß machen, ab ins Loch, bei Wasser und Brot, damit die wieder zu sich kommen. Mit den Hausbesetzern ebenso! Und dann diese Jugend! Geh'n Sie mir doch bloß los, die taugen doch alle nichts, wie die schon aussehen! Da waren wir doch ganz andere Kerle, mit 19 schon das Eiserne Kreuz. Die wollen doch nur unser Geld. Ein Arbeitsdienst muß wieder her, und zwar schnell!

Manche »Bild«-Themen werden stundenlang von Liegestuhl zu Liegestuhl besprochen, und jeder steuert noch ein Stück Weisheit bei. Als die traurige Geschichte vom kleinen Jungen aus Rom gemeldet wird, der in ein Bohrloch fiel und trotz fieberhafter Arbeit nicht geborgen werden konnte, werden im Geist schon deutsche Pioniere, deutsche Techniker und deutsche Fachleute eingesetzt. Wir Deutschen schaffen es schon. Und sie schaffen es wirklich, aber nur in Bild für Italien, da steht drin, daß es ihm gut geht und daß er lebt. In Wirklichkeit ist das Kind tot, unauffindbar, in 80 Meter Tiefe.

Am Abend sitzt der alte Mann auch in der Hotelbar, aber nicht auf einem Barhocker, auf dem man von oben aufs Volks schauen kann, er sitzt in der Ecke. Auf den Hochsitzen haben die Herren vom Mini-Jet-Set Platz genommen. Der Herr aus der Werbung mit seinem aprilfrischen Lachen und der Spiegel-Hersteller, der nicht dachte, sondern nur reflektierte. Ein Herr Hopf aus Bielefeld lud zum Umtrunk, da er morgen wieder über den Limes nach Germania macht. Also denn bis zum nächsten Jahr. Alle trinken ihr Glas aus, nur der Alte nicht, weil er nämlich keines abbekommen hat.

Später frage ich ihn, warum er eigentlich immer wieder hierher kommt, so doll ist es ja auch nicht und die Leute sind ja alles andere als nett. »Ach wissen sie«, sagt er, »das ist eben die Macht der Gewohnheit.« Und nach einer ganz langen Pause fährt er fort: »Ich hab auch schon mal bessere Zeiten gesehen. Von Beruf bin ich Schneider, Schneidermeister aus Berlin. Nur die besten Adressen. Ich hab sogar für den Göring gearbeitet. Aber das behalten Sie bitte für sich.«

»Und dieses ist mein neustes Stück. Na, da bist Du baff?« Stolz zeigt mir Gerd Heidemann eine taubenblaue Uniform, die an der offenen Tür seines Schlafzimmerschrankes hängt. Die breiten Schulterstücke sind goldgewirkt, und an den Hosen kann man erkennen, daß der Vorbesitzer kein Freund von Schmalhans, dem Küchenmeister, war. »Na, nun sag' doch endlich was!« fordert mich Gerd ungeduldig auf. »Ja, was willst Du hören? Die paßt Dir doch gar nicht, die ist doch viel zu weit. Willst Du sie zur Maskerade anziehen?« Ein trauriger Blick trifft mich. »Die will ich überhaupt nicht anziehen, das ist ein Ehrenkleid. Von Hermann.« – »Von welchem Hermann?« – »Mein Gott, nun sei doch nicht so begriffsstutzig, von Hermann, von Göring, dem Reichsmarschall.«

Vom Nebenzimmer hört man »Hoch soll er leben«. Gerd Heidemann feiert sein Jubiläum, 25 Jahre »Stern«. Auf einem Tablett wird Sekt serviert. 25 Jahre kenne ich Gerd Heidemann, er war einer der Ersten, mit dem ich zusammenarbeitete. Er kam als Urlaubsvertreter ins Labor, weil die sonst einspringende Vertreterin Martha nun endgültig die Nase voll davon hatte, ewig von ihrem Mann und Chefredakteur wegen mangelnder Qualität angemault zu werden. Gelernt hat Gerd in einer Elektrofirma, wo er als Schwachströmer sein erstes Geld verdiente, das er auf die hohe Kante legte, um sich bald eine gebrauchte Kamera zu kaufen, denn das Fotografieren war sein Steckenpferd. Später, als er eine feste Anstellung bei uns bekam, war er am Ziel seiner Träume. Er durfte jetzt selbst auf große Reise gehen, Bilder und Berichte in die Redaktion tragen und tolle Sachen an Land ziehen.

Bei ihm war immer das Tollkühne und das Ungewöhnliche im Reisegepäck. Mit seinen Geschichten versuchte er, uns, die wir ja nur Zaungäste der großen weiten Welt waren, zu imponieren. Er wollte auch uns einen kleinen Einblick verschaffen, was es heißt, das »nervenaufreibende«, »zerfetzende« Leben eines Reporters zu führen. Sehr viel Schuld an diesen Übertreibungen trug der damalige Blattmacher Karlchen, der Gerd nach jedem Einsatz stereotyp mit dem Satz begrüßte: »Na, Herr Heidemann, was war denn diesmal mit den Damen? Erzählen Sie mal!« Und wehe, wenn Gerd keine Schlüpfrigkeiten zur Hand hatte, dann war's Essig. Das kriegte er bald mit und zog immer kräftig vom Leder. Glatt und ohne Knochen lief bald gar nichts mehr. Es sollte doch nicht der Eindruck entstehen, das Reporterleben sei leicht. Und wenn Dinge leicht zu lösen sind, dann werden sie eben kompliziert gemacht, damit die Konkurrenz sagt »Donnerwetter, wie der das wieder geschafft hat!«

Und schon kam die nächste Story: Sie spielte im Kongo und hieß: Die Söldner. Gerd schlüpfte jetzt in die Haut dieser heimatlosen Gesellen, die »hart aber gerecht«, als »letzte Vorposten des christlichen Abendlandes« gegen das Böse kämpften. Er war nicht irgendein Berichterstatter, der über diese Leute in Afrika berichten sollte, nein, er war einer von ihnen. Er dachte so wie sie, er fühlte so wie sie, er sang am Lagerfeuer so wie sie, er ging an ihrer Seite.

Damals bekam er auch den Auftrag, Überlebende und Angehörige von berühmten Nazis aufzuspüren. Dabei lernte er den Anhang vieler Bosse von gestern kennen. Edda Göring, die Tochter des Reichsmarschalls, des Manns mit der weiten Hose, war eine von ihnen. Sie öffnete ihm die Tür zur braunen Vergangenheit, und er wurde in ihren privaten Zirkel aufgenommen, wo er viele »alte Kämpfer« im Ruhestand kennenlernte. Bei seiner Spurensuche stieß er bald auf die »Karin II«, die ehemalige Jacht Görings, die still vor sich hinrostend in irgendeinem Hafenbecken auf ihre Abwrackung wartete. Dieses Schiff war für Heidemann eine ungeheure Herausforderung. Er wollte nicht nur der neue Eigner werden, er hatte auch ganz bestimmte Pläne ins Auge gefaßt: Erst sollte der alte Pott gründlich überholt werden, um dann, im neuen Gewande, als »Ort der Begegnung« zu dienen. Hier sollten sich Menschen aus verschiedenen gesellschaftlichen und politischen Richtungen zwanglos treffen, um die Vergangenheit aufzuarbeiten. Der Plan wurde verwirklicht, und bei den folgenden Bordgesprächen trafen sich Leute von gestern mit Leuten von heute. Schwarz, rot oder gold sollten die Gespräche sein, doch durch die Zusammensetzung wurde immer ein Braun daraus. Dichtung und Wahrheit flossen hier zu immer neuen Geschichten zusammen. Auf den schwankenden Planken, mit Grog und qualmender Seemannspfeife, wurde so manches Garn gesponnen. Vom Gold in der Schorfheide, vom Schatz im Toplitzsee und vom sagenhaften Bernstein-Zimmer. Gerd konnte von diesen Geschichten aus Tausendundeiner Macht nicht genug bekommen, er wurde süchtig von ihnen und wurde immer mehr zum Mann von gestern. Die, die ihn noch von früher her kannten, gingen ihm aus dem Wege, denn sein ständiges Gerede von vergrabenen Schätzen und von geheimen Aufzeichnungen ging allen auf die Nerven.

Es ist schon eine merkwürdige Jubiläumsrunde hier: Alte Kollegen von einem linksliberalen Blatt heben zusammen mit Alten Kameraden des »Führers« das Sektglas in die Höhe und singen: »Hoch soll er leben, dreimal hoch!«

Das 15. Kapitel

erzählt vom Schreibtisch, den Hitler besetzte, vom teuersten Altpapier der Welt und von Conny, dem listenreichen

Das kleine italienische Restaurant, einen Steinwurf von der Moorweide entfernt, ist ungewöhnlich leer. Nur ein einzelner Tisch ist besetzt. Die Gäste, die an ihm sitzen, haben sich, obwohl sie noch nicht bedient worden sind, bereits große weiße Servietten um den Hals geschlungen. Aus lauter Langeweile bröseln sie mit dem Weißbrot herum, das vor ihnen auf dem Tisch liegt. Zwei Kellner lehnen an der Theke, einer von ihnen poliert die ganze Zeit mechanisch an einem Glas herum.

Außer diesem Tisch ist aber noch ein zweiter besetzt, den man jedoch nicht sehen kann, da er in einer Nische steht. Das ist auch gut so, denn hier findet ein Geheimgespräch statt. Mein Kollege Thomas Walde, Ressortleiter für Zeitgeschichte, eröffnet mit leiser Stimme die Unterhaltung: »Die Sache, die wir jetzt zu besprechen haben, ist so geheim, daß nicht einmal Frau und Kinder davon erfahren dürfen. Also, dem Heidemann ist es gelungen, Hitlers Tagebücher an Land zu ziehen, ein ganz großer Wurf.«

Während mein Kollege mir diese Sensation mitteilt,

Macher
Beim Umbruch auf meinem Arbeitsplatz, 1986

mustert er immer wieder unauffällig die Umgebung, er wirft sogar einen schnellen Blick unter den Tisch. Thomas wollte, daß wir uns hier treffen, hier sind wir allein und ungestört. In der Redaktion laufen, seiner Meinung nach, zuviele große Ohren herum. Beeindruckt von dieser Sensation bin ich schon, doch nicht so stark, daß der große Jubel ausbricht. Insgeheim vermutete ich, Heidemann hätte einen lebenden Bormann oder einen ähnlichen Nazi-Chef irgendwo im Dschungel Südamerikas aufgestöbert. Aber Hitler? Von dem sprach doch keiner mehr.

Als ich am Abend meinen Schweige-Schwur breche und meiner Frau von der Weltsensation berichte, lacht die nur kurz auf und sagt: »Heidemann? Hitler? Alles falsch!« Ich war stocksauer, und der Familiensegen hing tagelang schief.

Einige Tage später in der Redaktion: »Nicht kleckern – klotzen!« ruft Peter Koch, einer der Chefredakteure, in die Runde und ist selber über seinen lauten Zwischenruf erschrocken. Viel leiser, mit gedämpfter Stimme fährt er fort: »Nach dem, was uns bis jetzt hier vorliegt, müssen wir im Falle Hitler total umdenken. Die Geschichte muß in weiten Teilen umgeschrieben werden. Es ist ja kaum zu glauben, was da alles drinsteht!« Der Kreis, der sich in Kochs Chefzimmer zusammengefunden hat, ist besonders klein, nur Handverlesene. Wie Verschwörer, die etwas Dunkles im Schilde führen, hocken sie zusammen. Das gemeinsame Wissen um das große Geheimnis läßt sie hauteng zusammenrücken. Heute soll die optische Linie für das Superding festgelegt werden.

»Diese jetzt neu aufgetauchten Handschriften machen wir riesig – peng! Und auf dem Foto, wo die Tagebücher auf Hitlers Nachttisch liegen, auf keinen Fall einen dicken Pfeil vergessen! Und für alle, die diese schreckliche, alte Opa-Schrift nicht mitbekommen, wird der lesbare Text danebengesetzt. – Ja, diese Seite nehmen wir, und die da und die auch noch! Wo ist der erste September 1939? Der Tag des Kriegsbeginns?« Es gibt keine Eintragung zu diesem Datum. „Adolf hatte an diesem Tag wohl was anderes zu tun«, wirft einer ein.

Während ich die Bilder auf meinem Schreibtisch betrachte, erklingt in meinem Unterbewußtsein die Marschmusik meiner Kindheit. Uniformen, Paraden, Soldaten. Reichsparteitag auf meinem Schreibtisch. Hitler, wohin ich blicke: mit Schäferhündin Goldi, mit blondem Kind, mit Hermann Göring, mit Lederhose, mit Zylinder, mit, mit, mit. Ich kann in Hitlerbildern schwimmen, nur in der Badehose gibt's den »Führer« nicht.

Um meinen Arbeitsplatz in der Grafik haben die Kollegen eine schwarze Plane als Sichtblende gehängt, darauf steht mit großen Buchstaben: »Pst, Feind hört mit!« Im Hintergrund singt einer: »Ham'se schon n' Hitlerbild, das die ganze Wand ausfüllt?« Am Abend kommt Heidemann noch auf einen Sprung vorbei, ihn interessiert, wie sein Stück optisch daherkommt. Ich höre, wie er im Nebenraum mit irgendjemand in irgendwo telefoniert. Wortfetzen kann ich mitbekommen: »Hallo Martin, ja ich bin's, Gerd. – Nein Gerd aus Hamburg, vom Stern ... ja, ja, wir sind jetzt soweit! Nein, nein, wir haben 48 Seiten, ja auch in Farbe.«

Die Kantine im »Affenfelsen« an der Hamburger Außenalster ist heute der Nabel der Journalistenwelt, denn der »Stern« präsentiert die größte Sensation der Zeitungsgeschichte. Funk- und Fernsehteams aus Deutschland, aus vielen europäischen Ländern, aus Amerika und selbst aus Japan und Australien sind angereist. Zum Massen-Aufmarsch der Medien-Matadore haben Agenturen, Zeitungen und Magazine Reporter und Fotografen geschickt. Der Andrang der vielen Menschen läßt die Wände des Speisesaals schier ausbeulen, denn manche Kollegen haben voller Stolz auch noch ihre Freunde und Verwandte zu diesem Presseempfang mitgebracht. Ein denkwürdiger Tag für Verlag und Redaktion.

An einem langen Tisch sitzen die Hauptdarsteller dieser Show: die beiden Chefredakteure Koch und Schmidt, die Leute aus dem Ressort Zeitgeschichte, ein Experte aus London, sowie Heidemann und Walde. Dazwischen der neuernannte Pressesprecher des Hauses. Er verteilt hektisch Zettel, richtet Mikrofone, telefoniert an mehreren Apparaten und läßt dabei ununterbrochen seine Blicke durch den Saal huschen. Gerd Heidemann zeigt voller Stolz seinen Fund. Immer wieder wird er aufgefordert, in die Kamera zu schauen. Sein Gesicht spiegelt eine Mischung aus sakraler Ergriffenheit und trotziger Es-ist-erreicht-Pose wider. Ein Streiflicht huscht über Peter Kochs Halbglatze. Die Fernsehkameras surren, Reporter stellen laut Fragen und ununterbrochen klicken die Kameraverschlüsse. Die Luft ist zum Schneiden dick.

Ein Film, der extra zum heutigen Anlaß produziert wurde, wird jetzt vorgeführt. Er zeigt, wo die Tagebücher gefunden wurden. Der Flecken heißt Börnersdorf und liegt in der DDR. Zum Beweis hat Heidemann ein Stück Glas aus der Pilotenkanzel des dort abgestürzten Flugzeugs mitgebracht. Weiter sieht man im Film Bilder von zerstörten Städten und vom ehemaligen »Führer«. Jetzt erzählt der Sprecher im Film, daß Hitler, im Grunde seines Herzens, genauso ein Mensch wie wir alle gewesen sei.

Plötzlich entsteht Unruhe im Saal. Ein Mann schreit: »Alles Schwindel! Es gibt keine Tagebücher!« Was ist mit diesem Menschen? Hat der denn nicht mit eigenen

Ohren gehört, was der Experte vorhin am Mikrofon sagte? Fälschung? Lachhaft!

Inzwischen läuft auf den Fernsehgeräten der Film vom Fundort zum zweitenmal. Als die Stelle kommt, wo vom »menschlichen« Hitler die Rede ist, verläßt ein ausländischer Gast neben mir seinen Platz.

Schon beim Presseempfang in der Kantine, und anschließend in der Redaktion, wird heftig über die präsentierten Tagebücher diskutiert. Nicht über echt oder falsch, sondern über Aufmachung und Stil. Einige Wenige sagen: »Diesen Nazi-Dreck muß man viel niedriger hängen! Wir bekommen noch Beifall von der verkehrten Seite. Wir tun ja so als ob wir den Zweiten Weltkrieg gewonnen hätten!«

Am späten Abend komme ich endlich heim. Ein Mann aus der Nachbarschaft läuft mir über den Weg. Wir kennen uns flüchtig. Als er mich sieht, ruft er freundlich über die Straße: »Heil Hitler!« Dazu wedelt er mit unserer neusten Ausgabe.

Im großen Konzert der Medien spielen die Tagebücher immer noch die erste Geige. Doch im zuerst rauschenden Beifall für Gerd Heidemanns journalistisches Meisterwerk sind jetzt auch schon mal einzelne Pfiffe zu hören. In zunehmendem Maße geistert das Wort »Fälschung?« durch die Zeitungsspalten. Zwar noch mit Fragezeichen, aber immerhin.

Mit aller Entschiedenheit weigere ich mich, auch nur an die Möglichkeit einer Fälschung zu denken. Sollten alle Verlagsmanager blind gewesen sein, die bei uns waren, um die Nachdruckrechte zu kaufen?

Am Freitag, dem 6. Mai 1983, platzte wie eine Seifenblase der Traum, die echten Tagebücher Hitlers zu besitzen. Eine Riesenpleite, eine unglaubliche Blamage. Die größte journalistische Fehlleistung, die es bisher gab. Der »Stern« besitzt das teuerste Altpapier der Welt

– Gegenwert zehn Millionen Mark. Das linksliberale Blatt wird mit Hohn und Spott zugedeckt.

Genauso wie alle meine Kollegen bin ich unfähig, einen klaren Gedanken zu fassen. Ich bin wie betäubt, hilfslos vor Scham und Wut. Ich fühle mich von gewissenlosen Halunken ausgenutzt und hintergangen. Das Selbstvertrauen der Redaktion ist nicht nur schwer angeschlagen – schlimmer noch: Es ist verlorengegangen. Auch wenn Henri Nannen sich im Fernsehen bei unseren Lesern entschuldigt und zugibt, daß er sich schämt.

Auf meinem Schreibtisch versuche ich, die Spuren des Dritten Reichs zu beseitigen. Entwürfe mit Hitlers nichtarischer Ahnentafel wandern in den Papierkorb, ebenso Fotokopien und noch nicht veröffentlichte Manuskripte.

Nach dem ersten Schock werden viele Fragen gestellt, besonders an Gerd Heidemann, doch dessen Antworten sind kraus und verworren. So erzählt er eine merkwürdige Geschichte: Auf der alten Transitstraße von Hamburg nach Berlin will er die Bücher in Empfang genommen haben. Im fliegenden Wechsel sollen von einem Auto in ein anderes Pakete geworfen worden sein. In dem fahrenden Wagen (Ost) hätten sich Hitlers – wie man nun weiß: gefälschte – Tagebücher und in dem anderen (West) Bündel echter Geldscheine befunden. Die Marke, die Farbe oder gar die Nummer des Ostfahrers will er bei bestem Willen nicht erkannt haben. Es waren angeblich auch Prominente mit im Spiel, die in der DDR hohe Posten inne hätten. Namen könne er nicht nennen, da er sonst um das Leben dieser Leute fürchten müsse.

Diese Geschichte ist dünn. Heidemann wird unter Druck gesetzt. Nur zögernd nennt er jetzt einige Namen. Als nachgeprüft wird, stellt sich schnell heraus, daß er schon wieder einiges durcheinander bekommen haben muß. Einen Mann, den er nannte und der in Köthen wohnte, gab es wirklich, sogar in der angegebenen Straße. Der war jedoch nicht General bei der Volksarmee, wie Heidemann behauptete, sondern ein einfacher Polizist bei der Reichsbahn. Der zweite »Prominente«, der als Museumsdirektor angegeben war, verdiente sein Geld als Heizer in einem Krankenhaus. Beide hatten mit den angeblichen Tagebüchern nicht das Geringste zu tun. Beim dritten Namen gerät Heidemann vollends ins Schleudern. Er nennt ihn General, und dieser General nennt sich Fischer. Beides stimmt nicht, denn unsere Kollegen finden schnell heraus: »General Fischer« heißt mit bürgerlichem Namen Kujau. Konrad Kujau, Inhaber eines Kramladens für alten Naziplunder, für Orden und Ehrenzeichen. Und nebenbei ist der Mann auch noch ein geschickter Plakatmaler.

Bis zu seiner Tätigkeit als »Hitlers rechte Hand« fiel Konrad Kujau, den seine Freunde Conny nennen, immer wieder durch kleine Gaunereien auf. Alles kaum der Rede wert: Mal hatte er eine Kiste Äpfel geklaut, mal ließ er eine Stange Zigaretten mitgehen, dann trank er mal fremden Cognac oder steckte sich anderer Leute »historisches« Schießeisen in die eigene Tasche. Auch mit der Wahrheit hatte er es in der Vergangenheit nicht immer so genau genommen. Er wechselte Namen und Titel wie andere Leute ihre Hemden. Mal war er als Offizier aus dem Osten gekommen, mal hatte er als Agentenjäger im Westen gearbeitet. Mal spielte er den Ehrendoktor aus dem Süden oder den Professor im Norden. Conny, der Wandelbare. Er war schon – und das stimmt nun: Gebäudereiniger, Koch, Platzwart bei den Campern sowie Kellner und eben Plakatmaler.

Als Conny, der Sammler, ins Militariageschäft einstieg und auf der Müllkippe des Dritten Reichs nach noch nicht gehobenen Schätzen buddelte, lernte er Gerd, den Reporter aus Hamburg, kennen, der auch auf der Pirsch nach Orden und Ehrenzeichen, Unterhosen

Nach dem Tagebuchdebakel:
Demo gegen Verlag und neue Chefredaktion

und Aschenbecher ehemaliger Nazigrößen war. Eines Tages hielt Conny, der Findige, dem Gerd ein kleines schwarzes Buch unter die Nase, das der »Führer« in heimlicher Heimarbeit selbst geschrieben haben sollte. Mit der ohnehin nicht sehr ausgeprägten Ruhe des Reporters war es vorbei. Dieses Buch, und wenn möglich noch viele andere mehr, wollte Heidemann unbedingt in seinen Besitz bringen. Koste es was es wolle!

Der Rest ist jetzt bekannt...

Doch eine Frage taucht immer wieder auf: Warum sind die beiden Lumpensammler nicht einfach abgehauen? Wollten sie unbedingt in die Schlagzeilen? Oder waren es zwei Verrückte, die bis zum Schluß ihre eigenen Lügen glaubten? Das Geld, mit dem sie hätten verschwinden können, hatten sie doch schon längst in die eigene Tasche gesteckt. Also, was war's?

Das 16. Kapitel

erzählt von Jerusalem, vom Jesus mit der Coca Cola und vom Ort, wo ich wieder an die kleine Ruth erinnert wurde

Vom Damaskustor kommend reitet ein Mann in die Altstadt von Jerusalem ein. Er sitzt auf einem so kleinen Esel, daß seine Füße den Boden berühren. Sein grobes Gewand hängt sackartig an seiner mageren Figur, und seine dunklen Haare fallen ihm bis auf die Schultern herab. In seiner Hand trägt er aber keinen Palmenzweig, sondern eine Dose »Coca Cola«. Er sieht aus wie Jesus, ist aber nicht Jesus, sondern ein wenig bekannter italienischer Schauspieler. Hinter ihm her traben, ziemlich abgeschlafft, fünf römische Legionäre. Einer hat seinen Helm unterm Arm, der zweite hat den Brustharnisch weit geöffnet, der dritte trinkt aus einer Flasche Bier, und der fünfte unterhält sich mit einem Mädchen im Minirock, die eine riesige Sonnenbrille auf der Nase hat.

Nichts besonderes in der heiligen Stadt, einige Leute bleiben stehen, aber großes Interesse ist nicht vorhanden. Als der kleine Trupp an mir und meiner Tochter vorbeizieht, rufe ich, weil ich schon die ganze Zeit am Rumalbern bin, dem kleinen Vierbeiner zu: »Hallo, Isaak« – denn jeder Esel heißt, so lange ich denken

Tourist

Mit meiner Frau und meiner Tochter im Heiligen Land, 1987

Soldaten an der Klagemauer in Jerusalem

kann, Isaak. »Heißt du auch Isaak?« Das Tier bleibt wie angewurzelt stehen, wendet seinen Kopf und ein heiseres »Ja iaaa, Ja iaaa« erschallt. Jesus wirft mir einen wütenden Blick zu, und Sabine kann sich vor Lachen nicht halten.

Meine Tochter und ich erobern die Altstadt von Jerusalem, sehen Kunst, Kitsch und Kultur. Meine Frau wollte nicht mitkommen. »Geht Ihr man allein, ich komm' mit Eurem Tempo nicht mit.« So pilgern wir die Leidensstätten von Gottes Sohn ab und treffen dabei Gläubige, die sich nach Kommando auf die Knie fallen lassen, Touristen, die diese Welt nur durch die Sucher ihrer Kameras betrachten, und Büßer, die sich mit klobigen Kreuzen auf den Schultern durchs Gewühl mühen. Menschen mit Tränen in den Augen sehen wir, die mit stiller Ergriffenheit die Jahrtausende alten Steine küssen. Jeder Fußabtritt auf diesem Pflaster ist Geschichte, auf ihm sind schon Babylonier, Perser, Römer und Kreuzfahrer geschritten und brachten Heil oder Unheil über diese Stadt.

Mit eiligen Schritten laufen orthodoxe Juden an uns vorbei. Mit wehendem Kaftan, dem schwarzen Hut auf dem Kopf, unter dem die geringelten Peyeslocken hervorsehen, erreichen sie in letzter Sekunde die Gebetsstunde an der Klagemauer. Nicht zu überhören sind die genagelten Stiefel der israelischen Soldaten, die mit Gleichschritt und Maschinenpistolen als Besatzungsmacht alles im Griff haben. Auf ganz leisen Sohlen bewegen sich dagegen die arabischen Händler, die in allen Sprachen der Welt ihre Kunden davon überzeugen wollen, daß ihre Waren und Produkte besser und preisgünstiger sind als beim Ali von nebenan. Sie haben alles im Angebot: Seidenschals aus Kaschmir, Goldketten aus Damaskus und das Jesuskindlein mit abnehmbarer Dornenkrone aus Hongkong.

Hier auf dem Pflaster der Geschichte ist es für manchen Deutschen verdammt schwer, den richtigen Tritt zu fassen. Da kommen manche in Ledermänteln angereist, die fatal an die Bekleidung der Gestapo erinnern. Und unser übergewichtiger Kanzler trat mit seiner Bemerkung über »die Gnade der späten Geburt« kräftig daneben.

Meine Schritte werden auf diesem Pflaster auch leicht unsicher, wenn ich an die Gnade meiner späten Geburt denke. Von wegen Gnade. Reiner Zufall war es, daß ich nicht zehn oder elf Jahre älter bin. Eventuell wäre ich dann auch in den braunen Teufelskreis gekommen, hätte auch zur neuen Elite gehört und Verbrechen im Namen des deutschen Volkes begangen. Dieser Gedanke macht mich krank, und ich fühle mich schuldig. Schuldig an Taten, die ich nie begangen habe, und mitschuldig, daß ich in diesem System gelebt habe.

Mit viel Hallo und Trara versuchen drei junge Burschen, Sabine in ihre Mitte zu nehmen. Sie sind jung, fröhlich und in Uniform. Fallschirmjäger auf Streife. Einer von ihnen spricht ganz gut deutsch. Seine Großmutter kam aus einer kleinen Stadt in der Nähe von Stuttgart, den Namen hat er vergessen. »Schießt Ihr immer noch auf kleine Kinder?« fragt Sabine. »Natürlich«, antwortet der Soldat, »wenn die von ihren Leuten im Schießen und Handgranatenwerfen ausgebildet werden – die schmeißen doch zuerst!« Westdeutschland finden die drei ganz gut, besonders Beckenbauer und Mercedes, und natürlich, dabei lachen sie, die hübschen Mädchen aus Germany.

»Kommen Se rein, schönes junges Herrchen, kommen Se un sehn Se.« Ein Händler mit wallendem Bart und einladender Handbewegung bittet mich, sein Gewölbe zu betreten. Wir sind in Mea Shearim, einem der ältesten Wohngebiete Jerusalems. Hier wohnen fast ausschließlich streng gesetzestreue Juden, die ihrer traditionellen, aus Europa mitgebrachten chassidischen

Tracht treu geblieben sind. Hier wird auch nur Jiddisch gesprochen, denn Hebräisch ist die Sprache der Bibel und daher heilig.

Schiefe Gassen, kleine flache Häuser und hölzerne Balkons. Überall hängt Wäsche auf der Leine, und Horden von Kindern, sauber nach Geschlechtern getrennt, spielen lärmend auf den Höfen. Die Männer, ganz in Schwarz, sind immer im Laufschritt, und die Frauen tragen stramme Kopftücher. Radios haben ganz wenige, und Fernsehen ist verboten, genauso wie das Rauchen auf der Straße. Es ist ein Dorf in der Stadt. Hier gibt es noch den Schmied, der auf der Straße arbeitet, den Ausrufer und den Petroleumhändler, den rituellen Schlachter, den Heiratsvermittler und den Backofen für die ganze Hausgemeinschaft. Und überall die Schnorrer, die Bettler, die um keine milde Gabe bitten, sondern fordern. Immerhin sind sie es ja auch, die die Last der religiösen Welt auf ihren Schultern tragen. Und für den Ungläubigen, wie sie uns nennen, tragen sie kräftig mit. Da ist ein Scherflein, und ein nicht zu kleines, bitte schön, geradezu Pflicht. Meine Frau und meine Tochter haben sich angepaßt, sie sehen wie große traurige Dohlen aus, ganz in Schwarz. Die schwarzen langen Strümpfe mußten sie sich extra an einem Stand kaufen, weil sie keine hatten. Überall hängen Plakate, daß der Fremde, besonders die Frauen, sich gottesfürchtig zu kleiden hätten. Auch das Fotografieren solle unterbleiben. Hier hat man auch schon Steine auf junge Soldatinnen, die im superkurzen Rock die Männerwelt von Mea Shearim durcheinander brachten, geworfen. Und man hat sich einen Dreck darum geschert, daß die Damen Maschinenwaffen dabei hatten.

Als Kind wußte ich nicht, was ein Jude ist. Herr Simon, der einen Kleiderladen hatte, war ein Jude. Aber er sah genauso aus wie alle anderen Menschen auch.

Was war das Geheimnis? Später wurde Jude nur in Zusammenhang mit Haß, Fremdheit und Feindschaft genannt. Jude – das war wie eine ansteckende Krankheit, von der man nicht sprach. Noch später, schon eine ganze Zeit nach dem Krieg, sah ich die ersten Bilder vom jüdischen Leben in Osteuropa, Bilder aus einer längst vergessenen Welt. Hier in Mea Shearim scheinen diese Bilder auf ganz merkwürdige Weise wieder zum Leben erweckt worden zu sein, eine Mischung zwischen Traum und Wirklichkeit.

Das Fremde und das Fotografieren, beides waren die Steckenpferde von Heinrich Jöst. Er fotografierte 1942 im Warschauer Ghetto das qualvolle Leben seiner jüdischen Bewohner. Erst vierzig Jahre später entdeckte er die alten Negative wieder und schickte sie dem »Stern«. Dort landeten sie auf meinem Schreibtisch. Erschütternde Fotos vom Leiden eines Volkes. Bilder vom Totentanz. Fotos, die noch keiner sah. 60 bis 70 von diesen Zeitdokumenten nahm ich mit auf meine Reise nach Israel und habe sie nun in Yad Vashem, der Gedenkstätte für die Opfer des Naziterrors, abgegeben. »Es ist ein einzigartiger Fund«, sagen die Leute dort. »Sie können überhaupt nicht ermessen, was die Bilder für uns bedeuten und welchen religiösen Wert sie für uns besitzen.« Im jüdischen Glauben ist ein Mensch erst dann tot und vergessen, wenn von ihm nichts, aber auch gar nichts mehr ist – kein Stein mehr und kein Bein. Der Jüngste Tag findet ohne ihn statt, eine schreckliche Vorstellung für einen Juden. Deswegen sind die Naziverbrechen besonders grauenvoll, denn die Opfer wurden über ihren Tod hinaus geschändet. Weil sie restlos beseitigt wurden, gibt's sie nicht mehr, sie sind Verlorene für den Jüngsten Tag. Daher beschlossen die großen Gelehrten, in Zukunft könne auch ein Foto an Stelle von Stein und Bein treten.

Als kämen sie aus einer fernen, für uns nicht begreifbaren Welt, werden ununterbrochen Namen aufgerufen. Dazwischen erklingt eine ganz leise, fast gehauchte Musik, deren Melodie eine unendliche Trauer zum Ausdruck bringt. Der Raum ist dunkel, nur von der Decke blinzeln kaum sichtbare Sternenlichter. Wir sind in der Stätte des Gedenkens für die jüdischen Kinder. Namen, Namen, Namen, viele hören sich für mich fremd an, manche sind vertrauter: »Karl Riel, Ruth Rosenbaum, Sarah Stern ...«, sagt die ferne Stimme. Halt, anhalten! Das war doch eben der Name von dem kleinen Ruthchen, oder war er es nicht, die Stimme aus der Höhe ist schon weiter, beim Buchstaben T.

Mit meiner Frau und mit meiner Tochter schaue ich von Yad Vashem, das ist Hebräisch und heißt Berg der Erinnerung, auf die Stadt Jerusalem, die wie keine zweite Gestern, Heute, Geschichte, Politik und Religion in sich bewahrt.

Das letzte Kapitel

erzählt vom Tag, als die Trabis kamen, von einer Reise ins Gestern und vom Haus, in dem Mutter geboren wurde

Der 9. November 1989. Nach 28 Jahren gewährte die Regierung der DDR ihrer Bevölkerung die volle Reisefreiheit in den Westen. Die Schandmauer, wie sie von uns genannt wird, oder der antifaschistische Schutzwall, wie die Machthaber im Arbeiter- und Bauernstaat diese widernatürliche Grenze quer durch Deutschland getauft haben, öffnet sich.

Freunde und Familien aus den beiden deutschen Staaten können wieder zueinander. Lachend und weinend feiern Millionen Menschen in den Straßen Berlins und den grenznahen Städten zwischen Hof und Lübeck den friedlichen Volksaufstand und die fröhliche Revolution in der DDR. Das Volk jubelt, Fahnen werden geschwenkt, Deutschland, Deutschland über alles!

Zu Dutzenden öffnen sich neue Grenzübergänge. Betonmauern werden von Bulldozern beiseite geräumt, Chausseen, von Jahrzehnten überwuchert, werden planiert, und alte längst vergessene Brücken werden wieder für den Verkehr freigemacht.

Tausende von Trabis, Wartburgs und Ladas rollen in

Mitspieler
Ich stehe Modell für ein Geschenke-Journal, 1989

endlosen Kolonnen gen Westen. Ein Umzug der Freude, deren Teilnehmer das neue Freiheitsgefühl nicht fassen können. Sie alle sind aufgebrochen, nur um mal zu gucken, wie es »drüben« aussieht und ob es wirklich stimmt, daß die Grenzen offen sind.

Überall, wo die »Zonis« aus dem anderen Teil Deutschlands ankommen, werden sie von den »Wessis« begeistert begrüßt. Der Sekt fließt in Strömen. Der kleine Trabi wird das Auto der Stunde. Für diese Ereignisse gibt's nur ein Wort: »Wahnsinn!«

Abermillionen feiern diese Super-Wiedersehensschau vor den TV-Schirmen mit, die pausenlos live Bilder dieses gesamtdeutschen Aufbruchs ausstrahlen. Manche Szenen sind derart überwältigend, daß einem vor Rührung die Tränen in die Augen schießen.

»Stern«-Redaktion im Pressehaus an der Alster in der Nacht vom 10. auf den 11. November. Sofort und blitzschnell soll ein Extraheft über die grenzenlose Freude in unserem Vaterland hergestellt werden. Jede Minute ist kostbar, Termin: Morgen!

Etwa fünfzehn Menschen halten sich in meinem Zimmer auf. Ihre genaue Zahl festzustellen ist unmöglich, wozu auch? Auf jeden Fall sind es zu viele. Manche betrachten mit sogenanntem Kennerblick farbige Dias, die sie aus irgendeinem Haufen wahllos herausgeholt haben. Wieder andere malen auf kleinen Zetteln irgend etwas auf, was, das wissen sie selber nicht. Ein paar, offensichtlich Geistesarbeiter, lehnen mit geschlossenen Augen an den Wänden, damit wollen sie andeuten, daß sie nachdenken. Die ruhigsten sitzen auf dem Fußboden zwischen Papierfetzen und ihrer eigenen Meinung. Immer wieder erscheinen Eilige, Wichtige, Wichtigtuer und Neugierige. Der Fernseher flimmert ohne Ton, die Luft ist zum Schneiden.

»Welche Seitenzahlen stimmen nun wirklich? Die roten, die grünen oder die, die schon ganz zu Anfang falsch waren?«

»Die Falschen sind jetzt richtig und die richtigen ...«

»Ich will alle Dias noch einmal sehen, auch die, die wir nicht haben. Wo sind die eigentlich?«

»Die, die aus Ostberlin kommen, erhalten wir früher aus Paris und die, die aus Westberlin zugesagt sind, kommen später aus London.«

»Wo ist der Junge mit den Blumen am Brandenburger Tor? Und die Frau, die mit ihrem Mann ...«

»Der Junge ist noch im Flugzeug, aber die Frau liegt schon auf meinem Schreibtisch, die wird noch registriert.«

»Was stand hinter dem Bild, wo die alle auf der Mauer sitzen?«

»Nichts, nur die Kontonummer vom Fotografen.«

»Wie ist jetzt Euer neuester Stand?«

»Die Seiten 21/22 sind jetzt die Seiten 54/55 und die alten Seiten 54/55 sind jetzt 74/75. Wo vorher 62/63 gestanden haben, kommen jetzt 54/55 hin, aber die alten. Klar?«

»Hat jemand Klaus gesehen?«

»Welchen Klaus?«

»Blöde Frage, unseren Klaus selbstverständlich!«
»Klaus heißen wir heute alle.«

Jetzt ist der Zeitpunkt gekommen, wo die Produktion in eine kritische Phase eintritt, eine Gratwanderung, bei der das kontrollierte Durcheinander in das absolute abzurutschen droht. Zeitdruck, Streß und Nervosität lassen das normale Augenmaß schrumpfen. Jede Kritik wird als persönlicher Angriff aufgefaßt. Der normale Umgang mit den Kollegen ist empfindlich gestört. Wutanfälle, Nervenzusammenbrüche und starke Beschimpfungen sind an der Tages- bzw. Nachtordnung.

»Brauchen Sie dieses Bild noch?«

»Zeigen Sie mal her! Da ist ja ein Affe drauf. Was soll das, was hat das Tier mit der Berliner Mauer zu tun?«

»Das weiß ich auch nicht. Ich habe das Bild auf dem Flur gefunden und mir gedacht, gib es mal denen, in dem Zimmer, wo so viel los ist. Die wissen bestimmt, was sie damit anfangen können.«

Als die Sonne mit ihren ersten Strahlen einen neuen Tag ankündigt, erscheint leicht schwankend noch ein Besucher in meinem Zimmer. Er hat das Fest der Deutschen bei einem stadtbekannten Italiener gefeiert. Beim Wein und mit seinen Freunden hat er sich dort oft über die Zukunft unseres Blattes Sorgen gemacht. »Hallo Leute! Habt ihr die dollen Bilder im Fernsehen gesehen? Darüber müßte man was machen. Warum seid Ihr denn noch hier? Habt Ihr kein Zuhause?«

Würde mich einer auf der Straße ansprechen, ob ich wiedervereint sein möchte, so würde ich mit einem klaren »Ja« antworten, denn auf keinen Fall möchte ich in diesen Tagen als ein Mensch gelten, der dem nationalen Gedanken negativ gegenübersteht. Das Fernsehen zeigt mir täglich diese Wieder-Vereinigung, und die »Bild«-Zeitung liefert mir in schwarz, rot und gold die Notenblätter zu unserem gesamtdeutschen Sängerfest. Deutschland, heiliges Wort! Da darf ich als kleiner Bürger und braver Steuerzahler doch gar keine andere Meinung haben. Oder doch? Ich denke schon mal an ein »Nein«, aber leise und für mich, denn als vaterlandsloser Geselle möchte ich auch nicht beschimpft werden.

Schwierig ist es jetzt, wenn ich meiner Tochter Sabine erklären soll, warum die Leute aus der DDR ihre Brüder und Schwestern sind. Sie wurde erst nach dem Mauerbau geboren, und für sie war die Deutsche Demokratische Republik Ausland, feindliches Ausland. Sie hatte ihre ersten Freunde in Italien, Schottland und Dänemark, keiner war dabei aus Cottbus, Wismar oder Dresden. Und wenn sie jetzt mit jungen Leuten aus der DDR zusammenkommt, ist sie sich auch nicht ganz sicher, ob es nicht welche sind, die noch vor kurzer Zeit, mit einem Blauhemd geschmückt, zackig am Staatsratsvorsitzenden Honecker vorbeimarschiert sind.

»Rathaus der Stadt Laage«. So steht es da, in verwaschenen und nicht gut lesbaren Lettern an der Vorderseite des alten Backsteingebäudes. Die vier vergilbten Worte lassen nur ungenau ahnen, daß dieses verschlafene Nest, das an der Landstraße nach Rostock liegt, schon mal bessere Zeiten gesehen hat.

Damals, als die durchlauchtigsten Großherzöge von Mecklenburg noch Bares in ihrer Staatsschatulle besaßen und dieses heute langweilige und verdöste Nest mal eine richtige Stadt war, da mag es für seine Bürger schon ein rechter Augenschmaus gewesen sein zu sehen, wie die Lettern, echt vergoldet natürlich, in der Sonne blinkten. Das war kein Schiet, das war bei Gott echt, da konnte man schon mit recht die Nase etwas höher tragen. Man war nicht irgendein Dörfler, kein heruntergekommener Steckrübenbauer und schon gar kein dummer Klutenpedder. Man war ein echter Städter und konnte sich selbst mit einem Rostocker an einen Tisch setzen, ohne rot zu werden. Man sagte auch nicht nur Laage, sondern setzte mit Stolz und Betonung das Stadt davor. Das Wort Stadt wurde so ähnlich betont, wie es die Leute vom niederen Landadel tun, wenn sie »von« sagen.

Diese Stadt ist der Geburtsort meiner Mutter. Jetzt, nach über fünfzig Jahren, im Frühjahr 1990, bin ich zum ersten Mal wieder hier. Bei meinem letzten Besuch hatte Oma Geburtstag gehabt, Onkel Hans war gerade von der Gestapo abgeholt worden, und am nächsten Tag hatte der Krieg begonnen. Ich bin hierher nie wieder zurückgekommen. Weshalb sollte ich auch?

Zwei- oder dreimal mußte ich durch die DDR reisen und jedesmal, wenn ich die schwerbefestigten Kontrollen passierte, hatte ich ein ungutes Gefühl und ein schlechtes Gewissen. Warum, kann ich nicht sagen, dieses schlechte Gewissen war in mir wie eingepflanzt. Ich hatte nie etwas zu verbergen, ich hatte nie etwas versteckt, und trotzdem überfiel mich jedesmal diese miese flatterige Angst. Ich kam nie frei von ihr. Dieses Grenzüberschreitungsgefühl, eine Mischung aus Angst, Unsicherheit und schlechtem Gewissen, habe ich an keiner anderen Grenze der Welt je gespürt. Und deshalb haßte ich den ersten Arbeiter- und Bauernstaat auf deutschem Boden.

Ich stehe mit meiner Frau und meiner Tochter auf dem mit groben Granitsteinen unregelmäßig gepflasterten Marktplatz der kleinen Stadt und versuche, mich an irgendetwas von damals zu erinnern. Doch so sehr ich mich auch bemühe, ich finde keine Brücke zum Heute. Die Jahre haben alles weggewischt. Alles wirkt wie ausgestorben, nur eine alte Frau sitzt auf einem Korbsessel, der um die Jahrhundertwende modern gewesen sein mag, und läßt sich von der Sonne bescheinen. Sie hat eine entfernte Ähnlichkeit mit Tante Grete, kurz bevor sie starb. Als ich versuche, mit der alten Frau ein Gespräch anzuknüpfen, blinzelt sie mich freundlich an und legt eine Hand hinters Ohr. »Se möten luder snaken, ick hür tau un tau slecht.« Mehrfach versuche ich mich verständlich zu machen, aber es ist zwecklos, die Frau ist stocktaub. Beim Schlendern durch die windschiefen Gassen ist nirgends ein Mensch zu sehen, nur an den Gardinen in den hutzligen Fenstern merkt man, daß in den Häusern Leben ist. Wie von Geisterhand werden sie zugezogen, wenn wir in die Nähe kommen. Unzählige Krähen, die in den hohen Linden rund um die Kirche ihre Nistplätze haben, beschimpfen uns aus luftiger

Höhe und stören mit ihrem heiseren Gekreisch die totenähnliche Sonntagsruhe.

Plötzlich bleibe ich vor einem Haus stehen, das mir eigentümlich bekannt vorkommt. Wo habe ich das nur schon mal gesehen? Richtig, das Haus war doch auf dem Bild, das im Wohnzimmer über dem Sofa hing. Es ist Mutters Geburtshaus. Mein Vater hat es ihr einmal gemalt, als sie besonders schlimm unter Heimweh litt. Alles an diesem Haus ist alt, sehr alt, nur die Klingelknöpfe sind neu. Jetzt wohnen dort die Familien Neck (oben) und Neck (unten). Bei Neck (unten) bitte zweimal klingeln.

Wenige Häuser weiter steht noch die alte Schule, in der meine Mutter lesen und schreiben lernte und wohin meine Großmutter geeilt war, um den Lehrer zu verprügeln. Über der Tür ist eine schwarze Tafel angebracht, auf der »Klara Zetkin« steht.

Ein paar Plakate sind an den Mauern neu angeschlagen, darauf steht, daß der »Weiße Riese« jetzt auch in dieser grauen Stadt zu haben sei, daß die »Goldene Bohne« von Tchibo die bohnenlose Zeit des Mischkaffees in Mecklenburg beendet hat und daß das Rauchen die große weite Welt nach Laage bringt. Die Poster bringen zwar etwas Farbe in dieses graue Einerlei, aber sie stören auch. Sie passen einfach nicht in diese Welt.

Am Haus vom Pastor lese ich auf einer weiteren Tafel, daß der bedeutendste Sohn der Stadt, ein gewisser Herr Susemiehl, in den Jahren 1875 bis 1900 hier sein umfassendes Werk vollendet hat. Er muß damals ein sehr stiller und bescheidener Mann gewesen sein, sonst hätte meine Mutter bestimmt voller Stolz von einem Nachbarn aus ihrer Heimatstadt berichtet, der hier als so eine Art Goethe geehrt wird.

Aus dem offenen Fenster der Küche vom Hotel Stadt Laage hört man ein erregtes Wortgefecht. Ein Mann mit einer weißen Kochmütze auf dem Kopf schreit zornig in den Raum hinein, daß er keine Lust mehr habe, in diesem Saftladen für einen Hungerlohn den Schweinebraten in die Röhre zu schieben. Da mache er lieber gleich rüber nach Hamburg. Genau wie der Axel und für richtiges Geld. »Für richtiges Geld«, wiederholt er noch zweimal.

»Nun komm doch endlich!« Meine Frau und meine Tochter warten schon ungeduldig am Auto, das einsam und fremd auf dem Marktplatz parkt. »Was willst du noch in diesem Kaff? Hier ist doch die toteste Hose der Welt.«

Ähnlich muß meine Mutter schon vor achtzig Jahren gedacht haben, als sie, noch blutjung, diesem verschlafenen Nest den Rücken kehrte und sich auf den Weg machte, um in der großen Stadt Hamburg ihr Glück zu suchen. Gefunden hat sie es nie. Nur einen ganz kleinen Zipfel von dem, was sie für Glück hielt, durfte sie ab und zu mal anfassen. Ob ihr das gereicht hat?

Leise, nahezu behutsam lasse ich die alte Stadt mit ihrem holprigen Pflaster, ihren engen Gassen, dem kaum noch lesbaren Schriftzug, den krächzenden Krähen und die Vergangenheit hinter mir.

Jetzt bin ich am Ende meiner Reise durch sechs Jahrzehnte angelangt. War es ein langer Weg oder nur ein kleiner Flohhupf? Ich kann mir die Frage nicht beantworten. Manchmal ertappe ich mich dabei, daß ich denke, ich wäre viel jünger und alles, was ich früher mal erlebte, wurde nicht von mir sondern von einem ganz anderen Menschen erlebt. Von einem, den ich ganz gut zu kennen glaube, der mir aber trotzdem immer etwas fremd ist. Es ist ja auch kein Wunder in dieser atemberaubenden Welt, wo Sensationen von heute schon morgen der Schnee von gestern sind. Was sich allein nur in der Technik alles getan hat: vom pfeifenden Dampfradio meiner Kindheit bis zum modernsten Farbfernseher unserer Tage, der Bilder und Worte aus den entferntesten Winkeln der Erde in wenigen Sekunden in mein Wohnzimmer liefert. Von meinem Sessel aus konnte ich sehen, wie der erste Mensch unsicher den Mond betrat, wie Boris Becker seinen Schläger voller Wut in die Luft warf und wie die Berliner Mauer abgerissen wurde.

Einszweidrei im Sauseschritt vergeht die Zeit, wir sausen mit. Doch nur ein Flohhupf vom Zeppelin, der damals lautlos über unseren Schrebergarten hinwegflog, bis hin zur Concorde, die bei ihren Atlantiküberquerungen die Zeit und sich selber einholt. Nur sechzig Jahre!

Nur fünfzig Jahre ist es her, daß der Zweite Weltkrieg tobte, der vom kalten, vom eiskalten Krieg zwischen Ost und West abgelöst wurde. Der umjubelte Kennedy in Berlin, der knieende Brandt in Warschau. Dann der erlösende Moment, da die Mauer, die unser Volk trennte, eingerissen wurde. Und der seine Gefühle nicht verbergende von Weizsäcker unter dem wiedergeöffneten Brandenburger Tor. Alles in dieser Zeit.

Wenn diese Welt, in der wir leben, auch noch lange nicht in Ordnung ist, und wenn sie noch so viele Makken hat – ich liebe sie und finde es atemberaubend, in ihr zu leben!

Herausgeber:
Klaus Liedtke
Programmleitung:
Dr. Manfred Leier
Lektorat:
Horst Treuke
Graphische Gestaltung:
Herbert Suhr
Fotos: Privat, STERN-Archiv
Verlagsleitung:
Peter Schlickenrieder
Produktion:
Bernd Bartmann, Druckzentrale G + J
Satz:
Neef, Wittingen
Litho:
Eichenberg Repro, Hamburg
Druck:
Clausen & Bosse, Leck

1. Auflage 1991
ISBN 3-570-06635-5